वाल्मीकि रामायण का
उत्तरकाण्ड

(विभिन्न भाषाओं में एक शोधपरक निबंध)

(हिन्दी, संस्कृत, गुजराती, मराठी एवम् अंग्रेजी में प्रकाशित)

लेखक

डॉ. चन्द्रपाल शर्मा

पूर्व रीडर व हिन्दी विभागाध्यक्ष

राणा स्नातकोत्तर महाविद्यालय, पिलखुआ

डायमंड बुक्स

www.diamondbook.in

प्रकाशक : डायमंड पॉकेट बुक्स (प्रा.) लि.
X-30 ओखला इंडस्ट्रियल एरिया, फेज-II
नई दिल्ली - 110 020
फोन : 011- 40712200
ई-मेल : sales@dpb.in
वेबसाइट : www.diamondbook.in
मुद्रक : रेप्रो (इंडिया)

Valmiki Ramayan Ka Uttarkand
by : *Dr. Chandrapal Sharma*

दो शब्द

उन्तालीस वर्ष एक महाविद्यालय की सेवा के बाद पिछले लगभग इक्कीस वर्षों से साहित्य से कोई सम्बन्ध नहीं रहा। अतः भारतीय संस्कृति और रामकथा तक ही अपने को सिकोड़ लिया। इस अध्ययन से विदित हुआ कि मर्यादा पुरुषोत्तम भगवान राम के निष्कलंक चरित्र पर कुछ स्वार्थी व साम्प्रदायिक तत्त्वों ने 'सीता-परित्याग' का आरोप गढ़ दिया। मन व्यथित हुआ और उसका परिणाम 'बाल्मीकि रामायण का उत्तराखण्ड' लेख आया। यह लेख अब तक लगभग डेढ़ दर्जन पत्र-पत्रिकाओं में प्रकाशित हो चुका है, जिसे अनेक मूर्धन्य विद्वानों का आशीष मिला है। कुछ पत्रिकाओं ने 'छपे को न छापने' की नीति को ढील देकर स्थान दिया। लाखों पाठकों तक यह लेख पहुँच चुका है।

कुछ साथियों ने सुझाव दिया कि यह लेख भारत की अन्य भाषाओं में भी आना चाहिए। अतः सर्वप्रथम संस्कृत में इसका अनुवाद संस्कृत के उद्‌भट विद्वान डॉ. गणेशदत्त शर्मा ने किया। इसके बाद मेरी भतीजी डॉ. नीरजा गुप्ता ने इसका गुजराती व मराठी में अनुवाद कराने का दायित्व लिया और अंग्रेजी में अनुवाद की जिम्मेदारी एक अन्य भतीजे प्रो० राजीव कुमार ने स्वीकार की।

एक लेख एक पुस्तक का आकार ले, यह एक विचित्र कल्पना थी। अतः पांच भाषाओं को चुना गया। मेरे प्रकाशक डायमण्ड बुक्स के स्वामी नरेन्द्र जी मुझ पर इतने कृपालु हैं कि वे मेरी किसी भी इच्छा को सहर्ष पूर्ण करने को तैयार हो जाते हैं। इससे पूर्व वे मेरी पुस्तक 'भारतीय संस्कृति और मूल अंकों के स्वर' का भी अंग्रेजी अनुवाद छाप चुके हैं। मैं तो उनकी कल्याण कामना ही कर सकता हूँ।

अन्त में पुनः पुस्तक को मूर्त रूप देने वाले सभी विद्वानों के प्रति आभार प्रकट करता हूँ जिनमें डॉ. गणेश दत्त शर्मा (संस्कृत), विजया लेले (मराठी), स्वाति कापड़िया (गुजराती), प्रो. राजीव कुमार (अंग्रेजी) और योग क्षेम वाहक नीरजा व नरेन्द्र जी (प्रकाशक) हैं। आयु में बड़ा होने के कारण ये सभी मेरे आशीर्वाद के पात्र हैं।

–डॉ. चन्द्रपाल शर्मा

सहयोग, सर्वोदय नगर, पिलखुवा–245304
मोबाइल न. - 7668115170, 8171969096

विषय सूची

वाल्मीकि रामायण का उत्तरकाण्ड

वाल्मीकि आदिकवि हैं और उनकी रामायण लौकिक साहित्य का सर्वप्रथम ग्रन्थ है। वस्तुतः भारतीय साहित्य के लिए सामग्री के आधारभूत स्रोत रामायण व व्यासकृत महाभारत ही हैं। इस देश का साहित्य, समाज, जीवन, आस्था, मान्यताएँ एवं विश्वास सभी इन दोनों ग्रन्थों से प्रभावित दिखाई देते हैं। रामकथा बहुत बड़े वर्ग के लिए धार्मिक कथा है और कुछ कम वर्ग के लिए ऐतिहासिक कहानी है। कुछ लोगों के लिए यह आदिकवि की कल्पना भी हो सकती है किन्तु यह कथा जीवन के विविध क्षेत्रों में आदर्श व्यवहार की कहानी है, ऐसा प्रायः सभी को मान्य है।

धार्मिक जनों के लिए राम का काल लाखों वर्ष पुराना है किन्तु पाश्चात्य विचारकों अथवा इतिहासकारों की भ्रान्त धारणाओं के आधार पर सोचने वालों के लिए भी यह काल ईसा से हजारों वर्ष प्राचीन है। वाल्मीकि के अन्तःसाक्ष्य से प्रतीत होता है कि रामायण की रचना राम के जीवन में ही हो गई थी। ग्रन्थ के प्रारम्भ में वाल्मीकि मुनि नारद से पूछते हैं:

कोन्वस्मिन् साम्प्रतं लोके गुणवान् कश्च वीर्यवान्।
धर्मज्ञश्च कृतज्ञश्च सत्य वाक्यो दृढ़व्रतः

यहाँ 'साम्प्रतं' शब्द और फिर नारद जी द्वारा राम-चरित्र के वर्णन में प्रयुक्त वर्तमान कालीन क्रियाएँ उपर्युक्त कथन को प्रमाणित करने में पर्याप्त हैं। वाल्मीकि रामायण में राम के जन्म से लेकर लंका विजय, राम-राज्याभिषेक, मित्रों व साथियों की विदाई तथा ग्रन्थ का महात्म्य तक की कथा युद्धकाण्ड तक अर्थात प्रथम छः काण्ड में वर्णित है। उत्तरकाण्ड सातवाँ काण्ड है जिसमें राम से संबंधित सीता-परित्याग एवं शम्बूक वध दो घटनाओं का वर्णन है। उत्तर काण्ड वाल्मीकि-रचित नहीं है, ऐसा मत विवादास्पद है। एक ओर वे धार्मिक आस्थावान विद्वान् हैं, जो धर्म-ग्रन्थों

में किसी प्रकार के क्षेपक की सम्भावना को स्वीकार ही नहीं कर सकते हैं और दूसरी ओर वे चिन्तक हैं जो आधुनिक शिक्षा-पद्धति से शिक्षित होने के कारण विश्लेषण के बाद ही सत्यासत्य का निर्णय करते हैं। उत्तरकाण्ड को वाल्मीकि द्वारा रचित मानकर और इसमें वर्णित कथा को लेकर परवर्ती साहित्य में अनेक ग्रन्थों का निर्माण हुआ है। राम के राजा बनने के बाद उनके जीवन व कार्यों के संबंध में जो कुछ भी जानकारी हमें उपलब्ध है, वह उत्तर काण्ड के आधार पर ही है। इस काण्ड की सबसे चर्चित घटना, सीता-परित्याग है। अत: इस कथा को लेकर विभिन्न भाषाओं के अनेक कवियों ने बहुत से ग्रन्थ लिखे हैं।

उत्तरकाण्ड में वाल्मीकि के शिष्य व सीता के पुत्र लव-कुश राम को रामायण सुनाते हैं। राम इन बालकों से पूछते हैं कि इस महान काव्य के कर्ता कौन मुनीश्वर हैं। उत्तर में दोनों कुमार वाल्मीकि का नाम बताने के साथ ही यह भी बताते हैं कि इस काव्य में चौबीस हजार श्लोक और एक सौ उपाख्यान है। अगले श्लोक में पाँच सौ सर्ग तथा छ: काण्ड व उत्तरकाण्ड का भी वर्णन है:-

संनिबद्ध हि श्लोकानां चतुर्विंशत्सहस्रकम्।
उपाख्यानशतं चौव भार्गवेण तपस्विना।।
आदिप्रभृति वे राजन् पंचसर्गशतानि च।
काण्डानि षट्कृतानिह सोत्तराणि महात्मना। 7-94-26-27

बालकाण्ड के चतुर्थ सर्ग में भी श्लोक, काण्ड व सर्ग की संख्या का वर्णन हुआ है:-

चतुर्विंशत्सहस्राणि श्लोकानामुक्तवानृषिः।
तथा सर्ग शतान् पंच षट्काण्डानि तथोत्तरम्।।

श्लोक संख्या-1-4-2

दोनों ही स्थानों पर 'षट् काण्डानि' का प्रयोग और उत्तरकाण्ड के लिए 'सोत्तराणि' व 'तथोत्तरम्' शब्दों का प्रयोग अपने आप में विचारणीय सामग्री है। जब उत्तरकाण्ड सातवाँ काण्ड है तो कवि ने सात काण्ड की बात क्यों नहीं कही? दूसरे पहले छ: काण्डों का उल्लेख संख्या वाचक शब्द से हुआ है और सातवें काण्ड का उल्लेख नामवाचक संज्ञा से हुआ है। कवि को

सात की संख्या से परहेज तो नहीं था। सात की संख्या तो छः की तुलना में शुभ मानी जाती है।

उत्तरकाण्ड व बालकाण्ड में वर्णित तथ्यों की सत्यता को देखते समय यह ज्ञात होता है कि वर्णित संख्या का वास्तविकता से तालमेल नहीं बैठ पाता। रामायण की विभिन्न प्रतियों में भिन्नता का होना सम्भव है किन्तु धार्मिक ग्रन्थों की प्रमाणिकता के लिए गीता-प्रेस गोरखपुर की प्रतियों को आधार मानना अनुचित नहीं कहा जा सकता क्योंकि इनको तैयार करने वाले सज्जन व यह संस्था धार्मिक आस्था पर आधारित है। गीताप्रेस की प्रति में प्रथम छः काण्डों में ही पाँच सौ चौतीस सर्ग हैं। यदि उत्तर काण्ड के एक सौ ग्यारह सर्ग और जोड़ दें तो यह संख्या छः सौ पैंतालीस हो जाती है। अब उत्तरकाण्ड में वर्णित पाँच सौ सर्ग की सत्यता का अनुमान लगाया जा सकता है। इसी प्रकार श्लोक संख्या में भी बहुत बड़ा अंतर दिखता है प्रथम छः सर्ग की 'श्लोक' संख्या बीस हजार दो सौ के आस-पास रह जाती है और यदि उत्तरकाण्ड की श्लोक संख्या भी जोड़ दें तो भी यह चौबीस हजार से कई सौ श्लोक कम रह जाती है। यही स्थिति उपाख्यानों की संख्या के विषय में है। स्पष्ट है कि उत्तरकाण्ड के जिन दो श्लोकों को पहले उद्धृत किया जा चुका है, उनमें वर्णित तथ्य सत्य से मेल नहीं खाते।

काण्ड की संख्या के विषय में एक अन्य स्थान पर भी संदेह होता है। बालकाण्ड के सर्ग तीन में वाल्मीकि कथा में निबद्ध विषयों का संक्षेप में वर्णन करते समय किसी काण्ड का नाम नहीं देते। लगभग उन्तीस श्लोक में पहले छः सर्गो की कथाओं का उल्लेख है किन्तु न तो उनका काण्डानुसार विभाजन है और न उन काण्डों के नाम का उल्लेख है। (देखें-श्लोक 10 से 38 तक) किन्तु इस सर्ग के अंतिम श्लोक में 'तच्चकारोत्तर' लिखकर राम के चरित्र की ओर संकेत किया गया है जो कवि की शैली के अनुकूल प्रतीत नहीं होता। अन्तिम एक श्लोक में विदेह नन्दिनी सीता को वन में त्याग देना इत्यादि वृतान्तों एवं श्रीराम के भविष्य चरित्र की बात कही गई है। श्लोक इस प्रकार है:-

स्वराष्ट्ररंजनं चौव वैदेह्याश्च विसर्जनम्॥
अनागतं च यत् किंचिद् रामस्य वसुधातले।
तच्चाकारोत्तरे काव्य वाल्मीकि भगवानृषिः॥

श्लोक 38 का आधा व श्लोक 39

यहाँ ध्यान देने की बात यह है कि जहाँ अन्य काण्डों की एक-एक छोटी बड़ी सभी घटनाओं का वर्णन किया गया है, वहाँ उत्तरचरित्र या यों कहें कि उत्तरकाण्ड की केवल एक घटना सीता-परित्याग का उल्लेख है। इससे यदि यह निष्कर्ष निकाला जाये कि उत्तरकाण्ड लिखने वालों ने ही सर्ग के बिल्कुल अन्त में ये तीन पंक्तियों को जोड़ दी हैं तो अनुचित न होगा। यहाँ यह भी ध्यान देने की बात है कि श्लोक 38 को चार के स्थान पर छः चरण का कर दिया है, अन्यथा सर्ग की समाप्ति तो अड़तीसवें श्लोक में ही हो रही थी। श्लोक के पहले चार चरण इस प्रकार हैं-

प्रेषणं वायुपुत्रस्य भरतेन समागमम्।
रामाभिषेकाभ्युदयं सर्व सैन्यविसर्जनम्॥ श्लोक 38

उत्तरकाण्ड के विषय में एक और तथ्य ध्यान देने योग्य है। धार्मिक ग्रन्थों के पढ़ने अथवा सुनने के लिए प्रायः फलश्रुति दी जाती है, जिसे ग्रन्थ महात्म्य कहते हैं। इसकी दो शैली हैं। एक शैली में ग्रन्थ के प्रत्येक काण्ड या अध्याय के अंत में ग्रन्थ का महात्म्य वर्णित किया जाता है, जैसा गोस्वामी तुलसीदास ने अपने रामचरितमानस में किया है। इस शैली से सम्पूर्ण ग्रन्थ की महत्ता के साथ ही किसी एक काण्ड या अध्याय का महत्त्व अधिक भी हो सकता है। उदाहरणार्थ रामचरितमानस के धार्मिक महत्त्व को स्वीकारते हुए भी कुछ भक्तगण उसके 'सुन्दरकाण्ड' के पाठ को विशेष महत्त्व देते हैं। वाल्मीकि ने दूसरी शैली के अनुसार ग्रन्थ की समाप्ति पर फल-श्रुति या ग्रन्थ का महात्म्य वर्णित किया है अर्थात् युद्धकाण्ड के अन्तिम सर्ग के अन्तिम उन्नीस श्लोकों में कवि ने ग्रन्थ के महात्म्य का वर्णन किया है। (देखें सर्ग 128 के श्लोक संख्या 107 से लेकर 125 तक) यह फल-श्रुति वर्णन इस बात का ठोस प्रमाण है कि ग्रन्थ समाप्त हो गया, किन्तु उत्तरकाण्ड के अन्तिम सर्ग में रामकथा की महिमा पुनः वर्णित हुई है। (देखें सर्ग 111 के श्लोक 5 से 21 तक)।

उत्तर काण्ड के अन्तिम सर्ग का शीर्षक ही "रामायण का उपसंहार और इसकी महिमा" दिया है। इसी प्रकार युद्धकाण्ड के अन्तिम सर्ग का शीर्षक भरत का श्रीराम को राज्य लौटाना, श्रीराम की नगर यात्रा, राज्याभिषेक, वानरों की विदाई तथा ग्रन्थ का महात्म्य है। पाठकगण विचार करें कि ग्रन्थ

का महात्म्य दूसरी बार क्यों देना पड़ा। हाँ यदि वाल्मीकि ने प्रत्येक काण्ड के अंत में फलश्रुति दी होती और उत्तरकाण्ड में दी गई फलश्रुति इस काण्ड के लिए ही होती, तब तो स्वीकार्य थी, अन्यथा यह कहना कि यह पूरा काण्ड ही क्षेपक है, अनुचित नहीं।

युद्धकाण्ड के अन्तिम सर्ग के प्रतिपाद्य विषय का अभी उल्लेख किया है। उसमें वानरों की विदाई का भी का भी वर्णन है। इस सर्ग में राम ने अपने समस्त मित्रों को वस्त्र-आभूषण से सत्कारित करके विदा कर दिया है। इन मित्रों में विभीषण, सुग्रीव, हनुमान, जाम्बवान, द्विविद, मैन्द, नल आदि के नाम का उल्लेख है। "सुग्रीव ने किष्किन्धापुरी में प्रवेश किया और विभीषण अपने साथी श्रेष्ठ निशाचरों के साथ लंकापुरी को चले गए" का वर्णन अलग से एक-एक श्लोक में किया गया है। वानरों को भेंट और उनकी विदाई का वर्णन श्लोक पचहत्तर से श्लोक नब्बे तक वर्णित है। एक ओर युद्धकाण्ड में ये सुग्रीव और विभीषण अपनी-अपनी पुरियों में प्रवेश कर चुके हैं (देखें-युद्धकाण्ड सर्ग 128 श्लोक 79 व 90) और दूसरी ओर उत्तरकाण्ड के क्षेपककार उत्तरकाण्ड के उन्तालीसवें व चालीसवें सर्ग में पुनः भेंट और विदाई का वर्णन करते हैं।

इस काण्ड के पहले छत्तीस सर्गों की कथा से राम का कोई संबंध नहीं है। सैंतीस से चालीस तक के सर्ग की कथा में भेंट व विदा का वर्णन है, जो पहले हो चुका है। चौतीसवें सर्ग तक रावण व उसके वंश की कथा है और पैंतीस व छत्तीसवें सर्ग में हनुमान की कथा का वर्णन है। क्या इसे रामचरित्र की उत्तर कथा कहा जाता है। इस काण्ड का बहुत बड़ा भाग ऐसा है, जिसका रामकथा से कोई संबंध नहीं है। जैसे राजा नृग की कथा, राजा निमि और वशिष्ठ का एक दूसरे के शाप से देह त्याग, व पुनः शरीर धारण करना, पुरुरवा या ययाति की कथा, इक्ष्वाकु पुत्र दण्ड की कथा, इला व वुध की कथा आदि अनेक ऐसे प्रसंग हैं, जो भरती के प्रतीत होते हैं।

'उत्तरकाण्ड प्रक्षिप्त हैं' इस तथ्य की ओर एक ठोस प्रमाण गीता प्रेस गोरखपुर की प्रति में लिखित 'पाठविधि' से मिलता है। यहाँ नवाह्न पारायण के विश्राम बताते हुए दो प्रकार के विश्राम बताए हैं। एक प्रथम छः काण्डों का नौ दिन में पारायण और दूसरा सात काण्डों का नौ दिन में पारायण।

इससे यह निष्कर्ष निकलता है कि भक्तगण अपनी श्रद्धा के अनुसार छः या सात काण्ड मानने के लिए स्वतंत्र हैं, किन्तु जिसे हम ठोस प्रमाण कह रहे हैं, वह यह नहीं है, अपितु वह सकाम पाठ के ऋष्यादिन्यास में मिलता है। आस्थावान श्रद्धालुजन धर्मग्रन्थों का पाठ अपनी इच्छाओं व मनोकामनाओं की पूर्ति की अभिलाषा या पूर्ण होने पर भी करते हैं। रामचरितमानस का अखण्ड पाठ, नवाह्न-पारायण अथवा मास-पारायण अनेक लोग करते हैं। वाल्मीकि रामायण का भी धार्मिक दृष्टि से बहुत बड़ा महत्त्व है।

धार्मिक दृष्टि से पाठ करने का एक विधान है या दूसरे शब्दों में कहें तो कर्मकाण्डानुसार पाठ है। इस पाठ विधि में प्रत्येक काण्ड का विनियोग, ऋष्यादि व करन्यास बताया गया है, जिसमें प्रत्येक काण्ड में ऋषि, परमात्मा, देवता, छन्द, योजक, शक्ति एवं कीलक को नमस्कार तथा फिर हाथ से की जाने वाली क्रियाओं का वर्णन करने के बाद उस काण्ड के देवता के ध्यान का विधान है। ध्यान देने की बात यह है कि यह विधान केवल पहले छः काण्डों के लिए ही है। उत्तरकाण्ड के लिए नहीं अर्थात उत्तरकाण्ड का न कोई देवता है और न कोई ऋषि। सकाम पाठियों के लिए इस काण्ड के पाठ का कोई उल्लेख नहीं है। क्या इस तर्क से यह अर्थ नहीं निकाला जा सकता कि गीताप्रेस गोरखपुर को भी छः काण्ड ही मान्य हैं। उत्तरकाण्ड को न निकालने का कारण केवल यह है कि उनकी धार्मिक आस्था बाध्य करती है कि धार्मिक ग्रन्थों में क्षेपक की बात स्वीकार करना ठीक नहीं।

यह तथ्य भी विचारणीय है कि वाल्मीकि रामायण व महाभारत के मध्य ऐसा कोई ग्रन्थ उपलब्ध नहीं है जिसमें रामकथा का वर्णन हो। इस दृष्टि से वाल्मीकि के बाद व्यास ही आते हैं। व्यास इतिहास लेखक हैं, अतः सत्य के पक्षधर होना स्वाभाविक है। महाभारत के रामोपख्यान में रामकथा के प्रसंगों का बड़े विस्तार से वर्णन है किन्तु उसमें सीता परित्याग का वर्णन नहीं है। महाभारत के अतिरिक्त हरिवंश पुराण, वायुपुराण, विष्णुपुराण नृसिंह पुराण में भी इस घटना का वर्णन नहीं है। बौद्ध अनमाकं जातकाम् एवं गुणभद्र कृत उत्तरपुराण जैसे ग्रन्थों में भी सीता-परित्याग का वर्णन नहीं मिलता।

एक बात और उल्लेखनीय है कि अग्नि-परीक्षा से पूर्व जब राम सीता को स्वीकार करने में अपनी असमर्थता व्यक्त कर रहे थे, तब उन्होंने सीता

से कहा था कि यदि तुम्हारी इच्छा हो, तो भरत या लक्ष्मण के संरक्षण में सुखपूर्वक रहने का विचार कर सकती हो और यदि तुम्हारी इच्छा हो तो शत्रुघ्न, सुग्रीव अथवा विभीषण के पास भी रह सकती हो। जहाँ तुम्हें सुख मिले, वहां अपना मन लगाओ। (देखें युद्धकाण्ड, सर्ग 115, श्लोक 22-23) एक ओर तो उस सीता को, जिसकी पवित्रता में संदेह था, यह विकल्प दिए गए और दूसरी ओर जिस सीता की पवित्रता स्वयं अग्निदेव प्रमाणित कर चुके हैं, श्रीराम ने जिसे परम पवित्र मानकर मन से स्वीकार किया है, उसको उस समय घर से निर्वासित कर वन में एकाकी छोड़ दिया, जब वह गर्भ-भार से पीड़ित थी। ये विकल्प अब तो आवश्यक ही नहीं अनिवार्य थे। इससे यह निष्कर्ष निकालना असंगत नहीं कि सीता-परित्याग की कथा काल्पनिक और बाद में जोड़ी हुई है।

अग्नि-परीक्षा के बाद सीता की पवित्रता की पुष्टि अग्निदेव के सम्मुख श्रीराम ने भी की थी। राम ने कहा था-भगवन्। लोगों में सीताजी की पवित्रता का विश्वास दिलाने के लिए इनकी यह शुद्धि विषयक परीक्षा आवश्यक थी। राम ने कहा था- 'सीता प्रज्वलित अग्नि शिखा के समान दुर्धर्ष तथा दूसरे के लिए अलभ्य हैं। जानकी तीनों लोकों में परम पवित्र हैं। जैसे मनस्वी पुरुष कीर्ति का त्याग नहीं कर सकता, उसी प्रकार मैं भी इन्हें नहीं छोड़ सकता।' जो राम सीता की पवित्रता (देखें-6/118/श्लोक 13 से 22 तक) को इस प्रकार प्रमाणित कर रहें हों, वे राम किसी दुर्मुख या लोकापवाद के भय से गर्भवती सीता को निष्कासित कर दें, असम्भव है। राम ऐसा अनुचित कार्य कदापि नहीं कर सकते। सीता ने राम के प्रति अपने प्रेम की दृढ़ता का परिचय वनवास की अवधि में दे दिया था। अयोध्या के राजभवनों के सुखों को त्यागकर वन के कष्टों को आग्रहपूर्वक स्वीकार किया था। रावण के यहाँ रहते हुए अपने मन से राम के स्मरण के कारण वह जीवित रह सकी। अग्नि-परीक्षा में सफल हुई और राम ने पवित्रता प्रमाणित कर दी।

राम के सम्पूर्ण चरित्र में ऐसा कोई उदाहरण नहीं है कि राम ने कोई निर्णय एक बार लेने के बाद बदला हो। राम ने तो अपने विषय में स्वयं कहा है- 'रामोद्विर्नाभिभाषते' (राम दो बात नहीं कहता) भरत के अनुनय

आग्रह और वशिष्ठ के कहने पर भी जो राम वन से नहीं लौटते हैं, वे सीता के संबंध में अपने कथन से लौट (बदल) जायेंगे, यह असम्भव है। वहाँ का शासक महत्त्वपूर्ण निर्णय लेते समय सभासदों एवं मित्र नरेशों से सलाह लेता है। राम के राज्याभिषेक के समय दशरथ ने विभिन्न नरेशों, नगर एवं जनपद के लोगों को दरबार में आमंत्रित किया था और सभासदों के समर्थन के बाद ही निर्णय लिया था। सभासदों के सम्मुख महाराज दशरथ ने प्रस्ताव किया था कि यदि मैंने सही सोचा है, तो आप मुझे अनुमति दें, अन्यथा यह बतायें कि मैं किस प्रकार कार्य करूँ। (देखें 2/2 श्लोक 1 से 16 तक)

राम ने भी सभी कार्यों में अपने निकटतम् साथियों की सलाह ली है। सुग्रीव के दूत बनकर आये हनुमान से बात करने के लिए पहले लक्ष्मण को नियुक्त किया जाता है लक्ष्मण ही सुग्रीव से मित्रता के मिले निमंत्रण को स्वीकार करते हैं। (देखें 4/3/ श्लोक 26-27 व 36 से 38) विभीषण की सलाह पर ही वह समुद्र की तीन दिन तक प्रार्थना करते हैं। सागर की सलाह पर ही पुल का निर्माण करते हैं। युद्ध के समय भी सभी साथियों से सलाह-मशविरा करते रहते हैं। फिर सीता-परित्याग में सलाह न लेना कैसे सम्भव हुआ। वस्तुतः सीता-परित्याग की कल्पना करने वालों ने राम के चरित्र पर ध्यान ही नहीं दिया क्योंकि उनका उद्देश्य तो राम के चरित्र का ही हनन करना था।

सीता-परित्याग के समय राम अपने भाइयों को बुलाकर अपने निर्णय से अवगत कराते हैं, और उनसे आग्रह करते हैं कि वे मेरे निर्णय का विरोध न करें। (देखें उत्तरकाण्ड सर्ग 45) किन्तु इस समय गुरु वशिष्ठ एवं माताओं का कोई उल्लेख नहीं है। वे इस समय कहाँ हैं, ऐसा भी कहीं वर्णन नहीं है। हाँ सीता लक्ष्मण से यह कहती हैं-मेरी सब सासुओं को समान रूप से हाथ जोड़कर मेरी ओर से उनके चरणों में प्रणाम करना। (देखें सर्ग 47, श्लोक 10) उत्तरकाण्ड की इस भूल का परवर्ती क्षेपककारों ने सुधार करके एक कथा और कल्पित कर ली कि सीता-परित्याग के समय माताएँ तथा सपत्नीक गुरु वशिष्ठ ऋष्य शृंग के उस यज्ञ में गए हुए थे, जो बारह वर्ष तक चलना था। (देखें भवभूति का उत्तर रामचरित)

सामान्य जन भी आसन्न-प्रसवा, पतिव्रता और अपने मनोनुकूल पत्नी को घर से नहीं निकाल सकता, फिर मर्यादा पुरुषोत्तम राम से ऐसे पाप-कर्म की कल्पना करना भी महापातक है। उत्तरकाण्ड की कथा विसंगतियों का पुलिन्दा है। एक-दो उदाहरण द्रष्टव्य हैं। युद्धकाण्ड में राम-राज्य का विस्तार से वर्णन है, जिसमें राम ने भाइयों सहित ग्यारह हजार वर्षों तक राज्य किया ऐसा वर्णन है। (समयावधि पर मतभेद हो सकता है) यह वर्णन एक सौ अठाइसवें सर्ग के श्लोक 94 से श्लोक 106 तक हुआ है, किन्तु क्षेपककार उत्तरकाण्ड में राम के एक मास के शासन का वर्णन करता है। (देखें सर्ग 41 श्लोक 16 से 22 तक) जब राम के सम्पूर्ण शासन काल का वर्णन हो चुका है, तब एक मास के काल का क्या अर्थ है।

ऐसी ही एक अन्य विसंगति ध्यान देने योग्य है। उत्तरकाण्ड की कथा के अनुसार जिस दिन सीता ने दो पुत्रों को जन्म दिया था, उस दिन शत्रुघ्न भी वहीं वाल्मीकि आश्रम में ही थे। इस समाचार को सुनकर शत्रुघ्न सीताजी की पर्णशाला में गए थे और अर्धरात्रि में सुने इस समाचार के बाद शेष रात्रि प्रसन्नता के कारण बातचीत में ही बितायी थी। (देखें सर्ग 66, श्लोक 12-13) बारह वर्ष बाद शत्रुघ्न पुनः वाल्मीकि आश्रम में एक रात्रि व्यतीत करते हैं। यहाँ वे रामायण की छन्दोबद्ध कथा को भी सुनते हैं, किन्तु आश्चर्य इस बात का है कि वे न सीता से मिलते हैं और न सीता तथा उसके पुत्रों की कुशल-क्षेम ही पूछते हैं। अगले दिन वे अयोध्या को चल देते हैं। अयोध्या में शत्रुघ्न सात दिन ठहरते हैं किन्तु राम को यह बताना भी उचित नहीं समझते कि आप दो पुत्रों के पिता हैं और अब वे बारह वर्ष के किशोर हैं। ऐसा प्रतीत होता है कि उत्तर काण्ड का क्षेपककार भी कोई एक व्यक्ति नहीं हैं, अपितु कुछ लोगों का प्रयास रहा होगा।

एक तथ्य की ओर ध्यान देना भी अपेक्षित है कि वाल्मीकि रामायण में इस उत्तरकाण्ड के जुड़ जाने के बाद भी आज तक समाज ने इसे मान्यता नहीं दी है। रामकथा का सबसे प्रभावी स्वरूप रामलीलाओं के माध्यम से प्रकट होता है। वहाँ रामकथा की समाप्ति रामराज्याभिषेक व भरत-मिलाप के साथ समाप्त हो जाती है। इस देश के करोड़ों जन ऐसा विश्वास नहीं कर सकते कि राम जैसा आदर्श राजा सीता-परित्याग का निर्णय ले सकता

है। यह भी विचारणीय तथ्य है कि भारतीय ग्रन्थ सुखान्त ही समाप्त होते हैं दुखान्त नहीं। रामराज्याभिषेक, पत्नी की पुनः प्राप्ति और अयोध्यावासियों तथा पारिवारिकजनों से मिलन के बाद ग्रन्थ का समाप्त होना ही परम्परानुकूल रहेगा। इन साक्ष्यों के आधार पर यह कहना उपयुक्त होगा कि उत्तरकाण्ड की कथा बाद में जुड़ी हुई है और क्षेपककारों ने इसे जोड़ते समय उत्पन्न हुई विसंगतियों पर ध्यान नहीं दिया है। उनका उद्देश्य एक महनीय आदर्श चरित्र पर कलंक लगाकर वैदिक धर्म के आधार स्तम्भ को ही कमजोर करना था।

उत्तरकाण्ड का प्रयोजनः-

विचारणीय यह है कि इस काण्ड को क्यों जोड़ा गया और कब जोड़ा गया। प्रक्षिप्त या क्षेपक का आशय यह है कि अपनी रचना को किसी अन्य के नाम से प्रस्तुत करके उसे किसी कवि के प्रसिद्ध ग्रन्थ में जोड़ना। आज के परिवेश में बात कुछ अटपटी-सी लग सकती है क्योंकि आज-कल तो दूसरों की रचनाओं को अपने नाम से छपवाने या पढ़कर सुनाने की परम्परा है। यह साहित्यिक चोरी पिछले तीन चार सौ साल से ही प्रारम्भ हुई है। हिन्दी साहित्य के भक्तिकाल तक अर्थात् 1000 वि. संवत् तक ऐसा कोई उदाहरण नहीं मिलता। वस्तुतः भारतीय कवि आत्मप्रशंसा या यश की कामना से बहुत दूर थे। अतः जब वे अपने बारे में ही कुछ नहीं लिखते थे, तब चोरी क्यों करते! यह साहित्यिक चोरी तो राज्याश्रित कवियों के काल में प्रारम्भ हुई। पहले के कवियों में तो अपनी रचना को किसी दूसरे प्रसिद्ध कवि के ग्रन्थ में जोड़ने की परम्परा रही है। इसी कारण उत्तरकाण्ड के रचयिताओं ने अपनी रचना अपने नाम से न देकर आदिकवि के महाकाव्य में जोड़ दी। हिन्दी साहित्य के आदिकाल में लिखित रासौ ग्रन्थों में एक कवि नाम से ही अनेक कवियों की रचनाएँ जुड़ती चली गई हैं। ऐसा ही एक दुष्ट प्रयास गोस्वामी तुलसीदास के रामचरितमानस के साथ हुआ था। कुछ क्षेपककारों ने आठवाँ काण्ड 'लव कुश काण्ड' नाम से जोड़ दिया था। मानस के अन्तः साक्ष्य को आधार बनाकर यह सिद्ध हुआ कि आठवाँ काण्ड क्षेपक है। वर्तमान प्रतियों में वह काण्ड स्थान नहीं पा सका है। ऐसा ही वाल्मीकि रामायण के साथ होना चाहिए कि ग्रन्थ की समाप्ति युद्धकाण्ड पर है।

क्षेपककारों में से कुछ के मन में इस काण्ड का प्रयोजन धार्मिक विद्वेष था। रामकथा के उत्तरकाण्ड में राम से संबंधित दो मुख्य घटनाएँ हैं- प्रथम 'सीता परित्याग' और दूसरी 'शम्बूक वध'। राम के सम्पूर्ण चरित्र में कहीं कोई आपत्ति किसी को नहीं है। वस्तुत: ये दोनों घटनाएँ षड्यंत्र के परिणामस्वरूप जोड़ी गई हैं। रामायण का रचना काल बौद्ध धर्म के उद्भव से बहुत दिन पूर्व का है। धार्मिक दृष्टिकोण वाले व्यक्तियों के लिए तो यह त्रेतायुग की घटना है, किन्तु पाश्चात्य शिक्षा से प्रभावित इतिहासकार भी इसे जैन-बौद्ध धर्म से हजारों वर्ष पुरानी कथा मानते हैं।

महाभारत काल को भी पाश्चात्य विचारक कम-से-कम दो हजार ई. पू. की घटना मानते हैं। पर्जिटर का कथन है कि महाभारत युद्ध 1950 ई.पू. के लगभग हुआ। (देखें प्राचीन भारत का इतिहास-बी.डी. महाजन) इस काल तक रामायण में उत्तर काण्ड नहीं जुड़ पाया था क्योंकि महाभारत के रामोपाख्यान में यह कथा नहीं मिलती। बौद्ध व जैन धर्म के लेखकों व कवियों ने वैदिक धर्म से अपने धर्म को श्रेष्ठ सिद्ध करने के लिए वैदिक धर्म के आदर्श पुरुष राम के चरित्र में हेरफेर करके अनेक कथाएँ गढ़ लीं। इस संदर्भ में सर्वप्रथम प्रयास गुणाढ्य की वृहत कथा में ईसा से लगभग दूसरी शदी पूर्व में हुआ। उसका प्रभाव ही सोमदेव के 'कथा सरित सागर' पर है।

इसके बाद तो तरह-तरह की अनेक कथाएँ गढ़ ली गई। दशरथ-जातक ने तो राम और सीता को भाई बहन बना दिया। वहाँ तो राम बारह वर्ष वन में बिताने के बाद अपनी बहन सीता से विवाह करते हैं। जैन ग्रंथ 'पउमचरित' के राम, लक्ष्मण और रावण तीनों ही जैन धर्म स्वीकार कर लेते हैं। यहाँ राम की आठ हजार व लक्ष्मण की सोलह हजार पत्नियाँ बतायी हैं। विभिन्न कवियों ने अपने-अपने ढंग से कल्पना की ली। कहीं लोकोपवाद को कारण बताया, कहीं दुर्मुख की कल्पना की गई, किसी ने यह षडयंत्र कैकेयी को बताया और किसी ने उसकी पुत्री का। किसी ने सीता की सौतों का षड्यंत्र कहा। कहीं सीता रावण के चरणों का चित्र बनाती है और कहीं पैर के अंगूठे का। कहीं सीता रावण का चित्र पंखे पर बनाकर उसे अपने वक्ष पर सोती हुई वर्णित की गई है। इन विविध कल्पनाओं से ही अनुमान लगाया जा सकता है कि ये सत्य से कितनी दूर हैं।

इस प्रकार के दुष्प्रचार का परिणाम यह हुआ कि वे कवि भी प्रभावित हो उठे, जो राम को अवतार या मर्यादा पुरुषोत्तम के रूप में स्वीकार करते हैं। कालिदास व भवभूति जैसे कवियों ने भी इस कथा को स्वीकार कर लिया। गोस्वामी तुलसीदास प्रसिद्ध रामभक्त हैं। उनका रामचरितमानस विश्वविख्यात ग्रन्थ है। इस ग्रन्थ में तो उन्होंने सीता-परित्याग की घटना को नहीं लिया किन्तु एक नूतन कल्पना करके गीतावली में इसे स्थान दे दिया और जानकी को वाल्मीकि आश्रम में भेज दिया। तुलसी की मौलिक कल्पना इस प्रकार है:-

संकट-सुकृत को सोचत जानि जिय रघुराउ।
सहस द्वादस पंच सत में कछुक है अब आउ॥
भोग पनि पितु-आयु को, सोउ किए बनै बनाउ।
परिहरे बिनु जानकी नहिं और अनघ उपाउ॥

राम की अपनी बारह हजार पाँच वर्ष की आयु पूर्ण हो रही है। राजा दशरथ की मृत्यु असमय में हो गई थी। अत: राम अब पिता की शेष आयु का भोग करेंगे तब उस समय सीता के साथ पति धर्म का निर्वाह पाप होगा। इस कारण सीता के चरित्र से परम सन्तुष्ट राम सीता-परित्याग की सोच रहे थे कि गुप्तचरों से लोकमत जानकर सीता जी से उनकी अभीष्ट रुचि पूछते हैं। सीता स्वयं वन जाने को तैयार हैं। तब राम लक्ष्मण से कहते हैं:-

तात तुरतहि साजि स्यंदन सीय लेहु चढ़ाइ।
वाल्मीकि मुनीस आश्रम आइयसु पहुँचाइ॥

इस प्रकार की विभिन्न कल्पनाओं से यह तथ्य प्रमाणित हो जाता है कि यदि सीता-परित्याग सचमुच हुआ होता, तो उसके कारण की अनेक कल्पनाएँ न की जातीं। सब कवि सीता-परित्याग का एक कारण ही बताते।

धार्मिक वैमनस्य के कारण राम के चरित्र में जैसा परिवर्तन किया गया, वैसा परिवर्तन अन्यत्र भी देखा जा सकता है। उदाहरण के लिए 'असुर' शब्द कभी देवता वाचक रहा है। ईरानियों के देवता का नाम 'अहुरमजदा' है। हमारा 'स' वहाँ 'ह' हो ही जाता है। ईरानियों से संबंध जब मधुर नहीं रहे, तब हमने असुर को राक्षस का पर्यायवाची बना लिया। इसी प्रकार

'देवनांप्रिय' शब्द के अर्थ के संबंध में अर्थ परिवर्तन हुआ। जब बौद्ध धर्म के पोषक अशोक ने अपना विरुद्ध 'देवनांप्रिय' धारण किया तो वैदिक धर्म के मानने वालों ने इस शब्द का अर्थ 'मूर्ख' कर दिया।

यह भी शंका हो सकती है कि काल्पनिक कथा इतनी विश्वनीय कैसे हो सकती है। एक दो उदाहरण से इस शंका का निवारण हो जायेगा। महाभारत के 'शाकुन्तलोपाख्यान' का दुष्चरित्र दुष्यन्त कालिदास के 'आभिज्ञानशाकुन्तलम्' नाटक में धीरललित कोटि का नायक बन जाता है। दुर्वासा शाप की एक काल्पनिक घटना ने सारे इतिहास को ही बदल दिया। इसी प्रकार ऐतिहासिक सत्य यह है कि पृथ्वीराज चौहान से मुहम्मद गौरी की पराजय एक बार हुई थी और दूसरी बार की लड़ाई में पृथ्वीराज की पराजय व मृत्यु हो गई थी किन्तु चारणीय कल्पना के कारण आज भारत का अधिकांश जन गौरी की सत्रह बार की पराजय का वर्णन करता है और एक छन्द को आधार मानकर गौरी का वध पृथ्वीराज के द्वारा शब्द-भेदी बाण से मानता है। छन्द इस प्रकार हैं:-

चार बाँस चालीस गज, अँगुल अष्ट प्रमान।
ता ऊपर सुलतान है, मत चूकै चौहान॥

जबकि वास्तविक यह है कि 1192 ई. के तराइन के युद्ध में पृथ्वीराज की मृत्यु हुई और मुहम्मद गौरी ने 1194 ई. में कन्नौज पर आक्रमण करके वहाँ के राजा जयचन्द्र को पराजित किया। गौरी स्वयं 1206 ई. में सुल्तान के खोक्खरों के हाथों मारा गया था।

पृथ्वीराज वाली घटना तो केवल आठ सौ वर्ष पुरानी है, और कल्पना को सत्य माना जा रहा है। आधुनिक काल की एक घटना जो 1857 ई. की है, उसके बारे में बड़े-बड़े विद्वान् कल्पना को सत्य मान बैठे हैं। मंगल पाण्डे का मेरठ क्रान्ति से संबंध जोड़ना ऐसी ही भूल है। मंगल पाण्डे का मेरठ से कोई संबंध नहीं है। उसका संबंध बंगाल की बैरकपुर छावनी से है और लोटा से पानी पिलाने से मना करने वाली घटना भी वहीं की है। यह घटना मार्च 1857 की है, जबकि मेरठ में विद्रोह 10 मई 1857 को हुआ। सामान्य जन ही नहीं, यदा-कदा पढ़े लिखे सज्जन यह कहते सुने जाते हैं कि क्रान्ति का प्रारम्भ मेरठ से मंगल पाण्डे ने किया था। वास्तविकता केवल

यह है कि 1857 के स्वतंत्रता संग्राम का प्रथम शहीद मंगल पाण्डे है किन्तु उनको फाँसी अप्रैल, 1857 में ही बैरकपुर छावनी में लग गई थी।

जब मध्यकाल व आधुनिक काल की उपयुक्त काल्पनिक कथाओं को सत्य मान लिया गया तो ईसा से हजारों वर्ष पूर्व की काल्पनिक कथा भी सत्य बन गई। रामकथा संबंधी अनेक घटनाएँ ऐसी हैं, जिनका उल्लेख वाल्मीकि रामायण में नहीं है किन्तु भारतीय जन-मानस उनकी सत्यता में ऐतिहासिक घटनाओं की तरह विश्वास करता है। रामकथा की प्रामाणिकता का आधार तो वाल्मीकि रामायण ही है। आज अहल्या का पत्थर की होना, लक्ष्मण परशुराम संवाद, शबरी के झूठे बेर व उसका भीलनी होना, तथा लक्ष्मण रेखा आदि प्रसंग राम कथा के अंग हैं, जबकि ये परवर्ती कवियों की कल्पना पर आधारित हैं। आज सामान्यजन इन कथाओं को काल्पनिक मानने को तैयार नहीं हैं, अपितु ये प्रसंग रामकथा के महत्त्वपूर्ण व प्रभावी प्रसंग के रूप में स्वीकार्य हैं। तुलसी की कल्पना ने लक्ष्मण को परशुराम से भिड़ा दिया, तो केशव ने 'रामचन्द्रिका' में यह कार्य भरत से करा दिया।

सीता-परित्याग की कल्पना करने वाले लेखक भारतीय वैदिक मान्यताओं से अवगत नहीं थे, अन्यथा वह कथा को न जोड़ते। यदि किसी नारी का बलपर्वक अपहरण कर लिया जाता है तो उसके लिए वह नारी दोषी नहीं है। देवगुरु बृहस्पति की पत्नी तारा का चन्द्रमा ने अपहरण कर लिया था और चन्द्रमा के संयोग से बुध नाम का पुत्र भी हो गया, किन्तु ब्रह्मा जी के हस्तक्षेप करने से तारा बृहस्पति को मिल गयी। गौतम की पत्नी अहल्या के साथ इन्द्र ने समागम किया था। अतः शाप दिया गया किन्तु शाप की अवधि बीत जाने के बाद उसे गौतम ने ससम्मान स्वीकार किया था। सत्यवती व कुन्ती ने विवाह से पूर्व क्रमशः पराशर व सूर्य से संबंध बनाकर व्यास व कर्ण को पैदा किया था। सत्यवती की विधवा पुत्रवधुओं के साथ संबंध जोड़कर व्यास ने धृतराष्ट्र व पाण्डु को जन्म दिया था। उर्वशी व मेनका ने क्रमशः पुरूरवा व विश्वामित्र से समागम के बाद संतान पैदाकर पुनः इन्द्रसभा में स्थान प्राप्त किया था।

पाण्डु ने अपनी पत्नी कुन्ती व माद्री को पुत्र प्राप्ति के लिए देवों से समागम का आदेश दिया था। द्रौपदी ने पाँच पतियों को स्वीकार किया

था। इन नारियों पर कोई कलंक न लगाये, इसलिए तारा, अहल्या, कुन्ती, मन्दोदरी एवं द्रौपदी को पंच कन्या माना जाता है जिनका प्रतिदिन स्मरण पुण्यदायक कहा है। जिस समाज में नियोग को मान्यता हो, वहाँ एक स्त्री को बलपूर्वक किसी के द्वारा उठाकर ले जाने पर अपराधी नहीं माना जा सकता । वस्तुतः जब नियोग प्रथा समाप्त हुई, तब नारी के सतीत्व पर बल देने के लिए तथा पतिव्रता की महत्ता को प्रतिपादित करने के लिए राम के द्वारा सीता के निष्कासन की कल्पित कथा जोड़ दी गयी।

उत्तरकाण्ड की दूसरी महत्त्वपूर्ण घटना शम्बूक वध है। इस घटना को जोड़ने का उद्देश्य समाज के पिछड़े वर्ग या उस काल के अनुसार शूद्रों को बौद्ध धर्म की ओर आकर्षित करना था। शम्बूक की कथा को गढ़ने वालों ने राम के पूर्ववर्ती चरित्र पर ध्यान नहीं दिया। राम अयोध्यापति महाराज दशरथ के बड़े पुत्र हैं और मिथिला नरेश जनक के जमाता हैं, फिर भी उनकी मित्र मण्डली में कोई ऋषि, मुनि, ब्राह्मण, क्षत्रिय या नरेश नहीं हैं। उन्होंने अयोध्या व मिथिला के अतिरिक्त किसी नगर में प्रवेश नहीं किया है। निषाद, भील, वानर, राक्षस ही उनकी मित्र मण्डली में है। गिद्धराज जटायु उनके लिए पिता-तुल्य हैं। राम निषादराज गुह को भुजाओं में भरकर उससे कुशल क्षेम पूछते हैं। लक्ष्मण हनुमान से कहते हैं- "मैं और श्रीराम दोनों ही सुग्रीव की शरण में आये हैं।" राम सुग्रीव को गले लगाते हैं, विभीषण को मित्र बनाते हैं। राज्याभिषेक के बाद अयोध्या से अपने स्थानों को लौटते समय राम इन सब मित्रों का वस्त्राभूषण से स्वागत करते हैं। आशय यह है कि राम की मित्र मण्डली के व्यक्ति तो उसी समुदाय के हैं, जिस वर्ग से शम्बूक का संबंध है।

दूसरे राम का समस्त संघर्ष आदर्श स्थापना के लिए रहा है। अन्याय से पीड़ित व्यक्तियों की सहायता अथवा युगीन अन्याय के विरुद्ध संघर्ष ही राम के जीवन का लक्ष्य था। राम तो वंचितों व शोषितों, दीन-दुखियों, अपमानित व प्रताड़ितजनों के विश्वास के प्रतीक हैं। पति द्वारा तिरस्कृत व उपेक्षित अहल्या, बालि द्वारा पीड़ित भयाक्रान्त सुग्रीव, अग्रज द्वारा निष्कासित एवं अपमानित विभीषण, समाज द्वारा उपेक्षित शबरी, समाज के निम्नतम पायदान पर स्थित निषाद ये सभी राम के अपने हैं। ऐसे राम के

हाथों शम्बूक का वध दिखाना उल्टी गंगा बहाना है। अतः यह कोरी कवि कल्पना या गप्प हैं।

यदि शम्बूक वध पर ध्यान दिया जाए, तो उसकी निरर्थकता स्वतः स्पष्ट हो जायेगी। ब्राह्मण-पुत्र की असमय मृत्यु के लिए शूद्र की तपस्या को कारण मानकर राम ने शम्बूक के पास जाकर उसका परिचय जानना चाहा। शम्बूक ने बताया- "महायशस्वी श्रीराम! मैं शूद्र योनि में उत्पन्न हुआ हूँ। मैं झूठ नहीं बोलता। देवलोक में जाकर देवत्व पाने का अभिलाषी हूँ।" जब वह यह कह रहा था, तब राम ने तलवार से उसका सिर काट लिया। (देखे उत्तर काण्ड, सर्ग 76, श्लोक 2 व 3)। राम ने न तो उसे समझाया और न उससे कोई और बात की। यदि ऐसा कार्य कोई सामान्यजन भी करे, तो लोग उसे पागल या सिरफिरा ही कहेंगे। फिर तनिक विचार कीजिए कि मर्यादापुरुषोत्तम, कौशल नरेश, नीतिज्ञ राम क्या ऐसा अविवेकपूर्ण कृत्य कर सकते हैं। यह वैदिक धर्म को अथवा उस धर्म के शिखर पुरुष को बदनाम करने के लिए कवि-कल्पना है।

निष्कर्ष रूप में हम तो यह समझते हैं कि वाल्मीकि रामायण का उत्तरकाण्ड परवर्ती व निहित स्वार्थी कवियों के द्वारा जोड़ा गया क्षेपक है और सीता-परित्याग व शम्बूक-बध जैसी कथाएँ कवि-कल्पना या गप्प से अधिक कुछ नहीं हैं।

(यह लेख लगभग डेढ़ दर्जन पत्र-पत्रिकाओं में प्रकाशित हो चुका है)

संस्कृत

॥ ॐ ॥

वाल्मीकिरामायणस्य उत्तरकाण्डम्

आद्याः कवयः-खलु वाल्मीकिमहाभागाः। तेषां "रामायणम्" च लौकिकसाहित्यस्य प्रथमो ग्रन्थः। वस्तुतः भारतीयसाहित्यकृते आधारभूतस्रोतः "वाल्मीकिरामायणम्" तथा च व्यासकृतं "महाभारतमेव"-इति नात्र संदेहः। भारतवर्षस्य-साहित्यम्, समाजः, जीवनम्, आस्थाः मान्यताः एवं विश्वासाः-सर्वेऽप्येते खलु आभ्यां द्वाभ्यां ग्रन्थाभ्यां प्रभाविता दरीदृष्यन्ते। रामकथा, वस्तुतः अतिबृहद्वर्गस्य कृते तथा किंचित्-न्यूनवर्गार्थं ऐतिहासिक कथा वर्तते। कतिपयजनानां कृते, इयं कथा आदिकवेः कल्पनाऽपि भवितुमर्हति, किन्तु इयं कथा, जीवनस्य विविधक्षेत्रेषु आदर्शव्यवहारकथा वरीवर्ति-इति प्रायशः सर्वमान्या खलु धारणा।

धार्मिकजनानां कृते श्रीरामकालः लक्षवर्षपुरातनः किन्तु पाश्चात्य विचारकाणां अथवा इतिहासकाराणां एवं च भ्रान्तधारणाधारविचारकाणां कृतेऽपि कालोऽयं-ईसापेक्षया सहस्रवर्षपुरातनः । वाल्मीकेरन्तसाक्ष्येण प्रतीयते यद् रामायणरचना रामजीवनकाले-एव बभूव । ग्रन्थारम्भे वाल्मीकिमुनिः नारदं पृच्छति

कोऽन्वस्मिन् साम्प्रतं लोके गुणवान् कश्च वीर्यवान्।
धर्मज्ञश्च कृतज्ञश्च सत्यवाक्यो दृढव्रतः॥

वाल्मीकिरामायणम् 1-1-2

अत्र "साम्प्रतम्" शब्दस्तदन्तरं च श्रीनारदद्वारा रामचरित्रचित्रणे प्रयुक्ताः वर्तमानकालिकक्रियाः, उपर्युक्तकथनं प्रमाणयितु पर्याप्ताः। वाल्मीकि-रामायणे रामजन्मतः प्रारभ्य-लंकाविजयः रामराज्याभिषेकः, मित्रैःसह सहायक संप्रेषणम् तथा ग्रन्थमाहात्म्यपर्यन्तकथा, सयुद्धकाण्डम्-प्रथमषट्काण्डेषु वर्णिता। "उत्तरकाण्डम्"-सप्तमं काण्डम्, यस्मिन् सीतापरित्यागः शम्बूकवधश्चेति

घटनाद्वयी वर्णिता। "उत्तरकाण्डम्" नैवरचितं वाल्मीकिना" इतिमतं विवादस्पदम्। एकतस्तु धार्मिक-आस्थावन्तस्ते विद्वान्सः ये धर्मग्रन्थेषु कामपि क्षेपकसंभावनां नैवांगीकुर्वन्ति, अपरतश्च आधुनिकशिक्षापद्धतिशिक्षितास्ते चिन्तकाः ये कारणविश्लेषणानन्तरमेव सत्यासत्यनिर्णयं कुर्वन्ति। उत्तरकाण्डं वाल्मीकिरचितं मत्वा तथा चास्मिन् वर्णितां कथामाधृत्य परवर्तिसाहित्ये विविध ग्रन्थानां निर्माणं जातम्। रामराज्यारोहणान्तरं तेषां जीवनव्यक्तित्वकृतित्वसम्बद्धं यत्किंचिदपि ज्ञानमस्माभिरुपलब्धं तत् उत्तरकाण्डाधारितमेव। अस्य काण्डस्य सर्वाधिकचर्चितघटना सीतापरित्यागः अस्ति। अतः कथामेतामाधृत्य विविध भाषाणामनेककविभिरनेके ग्रन्थाः रचिताः।

उत्तरकाण्डे वाल्मीकिशिष्यौ सीतासुतौ लवकुशौ श्रीरामं रामायणम् श्रावयतः। श्रीरामः एतौ बालकौ पृच्छति- "अस्य महतः काव्यस्य कर्ता कः खलु मुनीश्वरः।" अस्योत्तरे द्वावपि कुमारौ वाल्मीकिनामज्ञापनसहैव इदमपि ज्ञापयतः यदस्मिन काव्ये चतुर्विंशतिसहस्रश्लोकाः शतसंख्याकानि-उपाख्यानानि च वर्तन्ते। अग्रिमे श्लोके पंचसहस्रसर्गाणाम्-षट्काण्डानां तथा च उत्तरकाण्डस्यापि वर्णनं विद्यते :-

संनिबद्धं हि श्लोकानां चतुर्विंशत्सहस्रकम् ।
उपाख्यानशतंचैव भार्गवेणतपस्विना ॥
आदिप्रभृति वै राजन् पंचसर्गशतानि च ।
काण्डानि षट्कृतानीह सोत्तराणि महात्मना ॥ (7-94-26-27)

बालकाण्डस्य चतुर्थे सर्गेऽपि श्लोक-काण्ड-सर्गसंख्यावर्णनं संजातम्-
चतुर्विंशत्सहस्राणि श्लोकानुक्तवान् ऋषिः ।
तथा सर्गशतान् पंच षट्काण्डानि तथोत्तरम् ॥ (1-4-2)

स्थानद्वयोः "षट्काण्डानि" इत्यस्य प्रयोगः तथा चोत्तरकाण्डकृते- "सोत्तराणि" एवं च तथोत्तरम्"

शब्दयोः प्रयोगः स्वतः एव विचारणीया सामग्री वरीवर्ति। यदि "उत्तर काण्डम्" सप्तमं काण्डं, तर्हि कविना सप्तमकाण्डस्य वार्ता कथं न कथिता। अपरं च प्रथमषट्काण्डानामुल्लेखः संख्यावाचकशब्देन संजातः, तथा च सप्तमकाण्डस्य उल्लेखः नामवाचकसंज्ञया संजातः। किम् -सप्तमीसंख्या कविकृते त्याज्यातु न आसीत्। सप्तमी संख्या- तु षष्ठीसंख्यापेक्षया शुभा मन्यते।

उत्तरकाण्डे बालकाण्डे च वर्णितानां तथ्यानां सत्यतामवलोकयन् एतत् प्रतीयते यत् वर्णितसंख्यायाः वास्तविकतया नास्ति किंचित् प्रासंगिकत्वम्। रामायणस्य विविधप्रतीषु भिन्नता सम्भाविता -किन्तु धार्मिकग्रन्थानां प्रामाणिकतायै गीताप्रेसगोरखपुरप्रतीनामाधारत्वेन स्वीकरणं नैवानुचितम्, यतो हि एतासां प्रस्तोतारः सज्जनाः, तथा चेयं संस्था, -एतद्वयमपि धार्मिकास्थाध ारितम् गीताप्रेसप्रत्यां प्रथमषट्काण्डेष्वेव 534 संख्याकाः सर्गाः सन्ति। यदि उत्तरकाण्डस्य 111 सर्गाणां योगः क्रियेत -तर्हि इयं संख्या 645 संजायते। इदानीं -उत्तरकाण्डवर्णितानां 500 सर्गाणां सत्ययतायाः अनुमानं कर्तुं शक्यते। एवमेव श्लोकसंख्यायामपि महदन्तरं दरीदश्यते। प्रथम षट्सार्गाणां श्लोक संख्या 20200 निकटवर्तिनी संजायते। यदि च उत्तरकाण्डश्लोकसंख्याऽपि युज्येत, तहि इयं संख्या 24000 संख्यापेक्ष्या अनेकशतश्लोकन्यूनतां प्राप्नोति। इयमेव स्थितिः उपाख्यानविषयेऽपि वरीवर्ति। अतः सुस्पष्टमिदं यत् -उत्तरकाण्डस्य यौ द्वौ श्लोकौ पूर्वोद्धृतौ तयोः वर्णिताः तथ्याः सत्येन नैवं युज्यन्ते।

काण्डसंख्याविषये एकस्मिन् अन्यस्थानेऽपि संदेहः प्रतीयते। बालकाण्डस्य तृतीयसर्गे वाल्मीकिः कथायां निबद्धविषयाणां संक्षेपेण वर्णनं कुर्वन् कस्यापि काण्डस्य नामोल्लेखं नैव करोति। संभवतः एकोनत्रिंशतिश्लोकेषु प्रथमषट्सर्गकथानां उल्लेखः अस्ति किन्तु नैव तासां काण्डानुसारं विभाजनम्। न च तत्काण्डानामुल्लेखः। (पश्यन्तु 10 श्लोकतः 38 श्लोकपर्यन्तम्) किन्तु अस्य सर्गस्य अंतिमे श्लोके "तच्चकारोतरं इत्येवं -उल्लिख्य रामचरित्रं प्रति संकेतो विहितः -यत् खलु कविशैल्यनुकूलं नैवं प्रतीयते। अन्तिमे एकस्मिन श्लोके "विदेहनन्दिनीसीतायाः वने त्यागः" इत्यादिवृत्तान्तानां एवं च श्रीरामभविष्यचरित्रवार्तायाः उल्लेखो विहितः। श्लोकस्तावदेतादृशः -

स्वराष्ट्ररंजनं चैव वैदेह्याश्च विसर्जनम्,
अनागतं च यत् किंचित् रामस्य वसुधातले।
तच्चकारोत्तरे काव्ये वाल्मीकिभगवानृषिः॥ श्लोक 38-39

अत्र एतत् खलु ध्यातव्यम्, -यत्र अन्यकाण्डानम् एकैकस्यानाम् सर्वासाम् लघुवृहत्घटनानाम् वर्णनं विहितं तत्र उत्तरचरित्रस्य यद्वा उत्तरकाण्डस्य केवलमेकस्याः सीतापरित्यागघटनायाः एव उल्लेखः। अनेन यदि अयं निष्कर्षः गृह्येत यत्-उत्तरकाण्डलेखकैरेव सर्गान्ते एतास्तिस्रः पंक्तयः संयोजिताः, तर्हि नैव किंचिदनुचितम्। अत्र एतदपि ध्यातव्यम्- यत् अष्टात्रिंशत्तमः श्लोकः

चरणचत्वारस्थाने षट्चरणात्मक: विहित:। अन्यथा सर्गसमाप्तिस्तु अष्टात्रिंशत्तमे श्लोके एव संभाविता आसीत्। श्लोकस्य प्रथम चत्वार: चरणास्तु एतादृशा: -

प्रेषणं वायुपुत्रस्य भरतेन समागमम्।

रामाभिषेकाभ्युदयं सर्वसैन्यविसर्जनम्॥ श्लोक सं.-38

उत्तरकाण्डविषये - एकमन्यदपि तथ्यं ध्येयम्। धार्मिकग्रंथानां पठनाय श्रवणाय वा प्रायश: फलश्रुतिर्दीयते, या खलु "ग्रन्थमाहात्म्यम्" इति कथ्यते। अस्य शैलीद्वयम्। एकस्याम् शैल्याम् प्रत्येककाण्डस्य यद्वा अध्यायस्य अंते ग्रन्थमाहात्म्यम् वर्ण्यते, यथा गोस्वामीतुलसीदासमहाभागेन रामचरितमानसे विहितम्। अनया शैल्या सम्पूर्णग्रन्थमहत्तया सहैव कस्याप्येककाण्डस्य यद्वा अध्यायस्य महत्वमधिकमपि भवितुमर्हति। उदाहरणार्थम् -रामचरितमानसस्य धार्मिकमहत्त्वं स्वीकुर्वद्भिरपि कतिपयभक्तगणै: सुंदरकाण्डपाठाय वैशिष्ट्येन महत्त्वं दीयते। वाल्मीकिना अन्य शैल्यनुसारं ग्रंथसमाप्तौ फलश्रुते: यद्वा ग्रन्थमाहात्म्यमस्य वर्णनं विहितम्,- अर्थात् युद्धकाण्डस्य अंतिमसर्गस्य अंतिमेषु एकोनविंशति- श्लोकेषु कविना ग्रन्थमाहात्म्यम् वर्णितम्। पश्यंतु सर्ग 128 श्लोक सं. 107 त: 125 पर्यन्तम्। फलश्रुतिरियम् ग्रंथसमाप्ते: दृढं प्रमाणम्। किन्तु उत्तरकाण्डस्य अंतिमे सर्गे रामकथामहिमा पुन: वर्णित:। (पश्यन्तु सर्ग 111 श्लोकसंख्या 5 त: 21 पर्यन्तम्)। उत्तरकाण्डस्य अंतिमसर्गशीर्षक: एव "रामायणस्य उपसंहार: - अस्य महिमा च" इत्येवरूपेण प्रदत्त:। एवमेव युद्धकाण्डस्य अंतिमसर्गशीर्षक: "भरतस्य रामाय राज्यप्रत्यावर्तनम्, श्रीरामस्य नगरयात्रा, राज्याभिषेक:, वानराणां संप्रेषणम्" तथा च "ग्रन्थमाहात्म्यम्" इत्येवंरूपेण वरीवर्ति। पाठकगणा: विचारयन्तु यत्- "ग्रन्थमाहात्म्यम्" इति द्विवारं कथं प्रदत्तम्। अस्तु, - यदि वाल्मीकिना प्रत्येककाण्डस्यान्ते फलश्रुति: प्रदत्ता भवेत् - एवं च उत्तरकाण्डे प्रदत्ता फलश्रुति अस्यकाण्डस्य कृते एव प्रदत्तास्यात् तदा तु सा स्वीकार्या आसीत्, अन्यथा एतद कथनम् - यत् "सम्पूर्णकाण्डमेव क्षेपकम्" नैवेतदनुचितम्"

युद्धकाण्डस्यान्तिमसर्गप्रतिपाद्यविषयस्य सम्प्रति उल्लेखो विहित:। तस्मिन् वानराणां संप्रेषणस्यापि वर्णनं विद्यते। अस्मिन् सर्गे - "रामेण आत्मन: समस्तानपि मित्रवर्गान् वस्त्राभूषणै सत्कृतान् विधाय -तेषां संप्रषेणं विहितम्। एतेषु मित्रेषु- "विभीषणसुग्रीवहनुमानजामवानद्विविदमैन्दनलादीनामुल्लेखो विद्यते। सुग्रीवेण किष्किन्धापुर्याम् प्रवेशो विहित:। "विभीषणश्च आत्मन: सहायकै: श्रेष्ठनिशाचरै सह: लंकापुरीम् गत:" - इत्यस्य वर्णनं प्रथक्त:

एकैकस्मिन् श्लोके विहितः। "वानरेभ्यः उपहाराः तेषां च विसर्जनम्" इत्यस्य वर्णनं श्लोक संख्या 75 तः श्लोकम् 90 पर्यन्तम्ः विद्यते। एकतः युद्धकाण डे एतौ सुग्रीवविभीषणौ आत्मनः पुर्योः प्रविष्टौ-(अवलोकनीयम् युद्धकाण्डम् - सर्गः 128, श्लोक संख्या 79 एवं 90)। अपरतश्च उत्तरकाण्डक्षेपककाराः उत्तरकाण्डस्य 39-40 तमे सर्गे पुनः - सम्मेलनं विसर्जनं च वर्णयन्ति।

अस्य काण्डस्य प्रथम 36 सर्गाणां कथायाः नास्ति रामस्य कश्चिदपि सम्बंधः। सर्ग 37 तः 40 सर्गपर्यन्तकथायां समागमसम्प्रेषणयोः वर्णनम् विद्यते। यच्च पूर्वमेव संजातम्। चतुस्त्रिंशत्सर्गपर्यन्तं रावणस्य तद्वंशस्य च कथा विद्यते, एवमेव 35 तथा 36 तमे सर्गे हनुमत्कथायाः वर्णनं विद्यते। किमियं रामचरित्रस्योत्तरकथा विद्यते। अस्य काण्डस्य- वृहत्तमो भागः एतादृशः यस्य रामकथया सह नास्ति कश्चिदपि सम्बंधः। यथा राजा नृगकथा- राजानिमिवशिष्ठयोः पारस्परिकशापात् गृहत्यागः, तथा पुनः शरीरधारणं, पुरूरवा यद्वा ययाति कथा, "इक्ष्वाकुपुत्रदंडकथा", "इलाबुधकथा" -आदयः अनेके एतादृशा प्रसंगाः, ये पृथकतः प्रविष्टाः प्रतीयन्ते।

उत्तरकाण्डं प्रक्षिप्तम्। एतृत-तथ्यम् प्रति एकं दृढप्रमाणं गीताप्रेसगोरखपुर प्रतिलिखितपाठविधिना मिलति। अत्र नवाह्नपारायण विश्रामप्रकरणे विश्रामद्वयं कथितम्। एकं तु प्रथमषट्काण्डानां नवाह्नपारायणम्, द्वितीयं च सप्तकाण्डानां नवाह्नपारायणम्। अनेन निष्कर्षोऽयम् प्राप्यते यत् भक्तगणाः आत्मनः श्रद्धानुसारं षड्वा सप्तवा काण्डस्वीकरणे स्वतंत्राः, किन्तु नेदं तत्प्रमाणं यद् वयं दृढं मन्यामहे, अपितु तत् सकामपाठस्य ऋष्यादिन्यासे मिलति। आस्थावंतः श्रद्धालवो जनाः धर्मग्रंथानाम् पाठं आत्मनः स्वेच्छानां यद्वा मनोकामनानां पूर्त्यनन्तरमपि कुर्वन्ति। रामचरितमानसस्य- अखंडपाठम्, नवाह्नपारायणम् यद्वा मासपारायणम् - अनेके जना कुर्वन्ति। वाल्मीकिरामायणस्यापि धार्मिक दृष्ट्या महनीयं महत्त्वं विद्यते। धार्मिकदृष्ट्या पाठस्य एकं विधानम्, यद्वा शब्दान्तरेण कथने कर्मकाण्डानुसारपाठः। अस्यां पाठविधौ "प्रत्येककाण्डस्य विनियोगः, ऋष्यादिन्यासः, करन्यासश्च वर्णितः। यस्यां प्रत्येककाण्डस्य ऋषि, परमात्मा देवता, छन्दः, बीजकः, शक्तिः एवं कीलकः",- एतेभ्यो नमस्कारः विहितः। तथा च पुनः हस्तेन क्रियमाणक्रियाणाम् वर्णनान्तरं तत् काण्डस्य- देवता ध्यानविधानं विद्यते। अत्रेदं ध्यातव्यं यत् -इदं विधानं केवले प्रथमषट्काण्डानामेव कृते विद्यते, नेदमुत्तरकाण्डकृते। अर्थात्- उत्तरकाण्डस्य नैव काचिद् देवता न च कश्चिद् ऋषिः। सकामपाठकानां कृते एतद्काण्ड-

पाठस्य नास्ति कश्चिदुल्लेखः। अनेन तर्केण किम् नायमर्थः गृहीतुम् शक्यते यत् - गीताप्रेस गोरखपुरकृते अपि षट्काण्डान्येव मान्यानि। उत्तरकाण्ड-बहिष्काराभावस्यापि कारणं केवलं तेषां क्षेपकसिद्धांतविरोधिनी भावना एव।

इदमपि विचारणीयं तथ्यम्- यत् वाल्मीकिरामायणमहाभारतयोर्मध्ये एतादृशः कश्चिदपि ग्रंथः नैव उपलभ्यते यस्मिन् रामकथावर्णनं स्यात्। अनया दृष्टया वाल्मीकेरनन्तरं व्यासमहोदया एव आगच्छन्ति। व्यासमहोदयाः खलु इतिहासकाराः अतस्तेषां सत्यपक्षधरत्वं स्वाभाविकम्। महाभारतस्य रामोपाख्याने रामकथाप्रसंगानां- अतिविस्तरेण वर्णन विद्यते। किन्तु तस्मिन् नास्ति सीता परित्याग वर्णनम्। महाभारतातिरिक्तम्- हरिवंशपुराण, वायुपुराण, विष्णुपुराण, नृसिंहपुराणेष्वपि अस्या घटनाया वर्णनं नैव विद्यते। बौधनामकजातके एवं च गुणभद्रकृत- उत्तरपुराणसदृशग्रंथेष्वपि सीतापरित्यागवर्णनं नोपलभ्यते।

एका अन्यापि वार्ता उल्लेखनीया यत् अग्निपरीक्षायाः पूर्वं यदा रामः सीतायाः स्वीकरणे स्वकीयां अस्मर्थतां प्रकटयन् आसीत् तदा तेन सीतां प्रति कथितम्- "यदि तवाभिलाषः स्यात्-तर्हि त्वं भरतस्य यद्वा लक्ष्मणस्य संरक्षणे सुखपूर्वकं स्थातुमर्हसि, यदि तवेच्छा स्यात्- तर्हि त्वं शत्रुघ्नेन, सुग्रीवेण यद्वा विभीषणेन सह अपि स्थातुमर्हसि। यत्र त्वं सुखं प्राप्नुयाः तत्र आत्मनः मानसं संयोजय। (अवलोकयन्तु युद्धकाण्डम् सर्गः 115, श्लोकौ 22-23)। एकतस्तु तस्यै सीतायै यस्याः पवित्रतायामपि संदेहः आसीत्, -एते विकल्पाः प्रदत्ताः,- अपरतश्च यस्याः सीतायाः पवित्रता स्वयं अग्निदेवेनैव प्रमाणिता आसीत्, एवं च स्वयमेव श्रीरामः यां सीतां पवित्रां मत्वा आत्मनः मनसा स्वीचकार, तस्याः सीतायाः तादृशीं अवस्थायां गृहात् निर्वासनम् विधाय, वने एकाकिनीरूपेण परित्यागः यदा सा वने गर्भभारपीडिता आसीत्,- एते विकल्पाः साम्प्रतम् न केवलमावश्यकाः अपितु अनिवार्याः आसन्। अनेन निष्कर्षोऽयं नैव असंगतः -यत् सीतापरित्यागकथा सर्वथा काल्पनिकी कालान्तरे च संयोजिता वरीवर्ति। अग्निपरीक्षायाः पश्चात् सीतापवित्रतायाः पुष्टिः अग्निदेवसम्मुखं श्रीरामेणापि कृता आसीत्। श्रीरामेण कथितम्, "भगवन्! लोकेषु सीतादेव्याः पवित्रतां विश्वासयितुं इयं शुद्धिविषयात्मिका परीक्षा अनिवार्या आसीत्।" एवं च तेन भणितम्- "आसीत् सीता प्रज्वलिताग्निशिखासमा, दुर्धर्षा तथा अन्येषां कृते अलभ्या। जानकी लोकत्रये परम्पावनी विद्यते। यथा मनस्वीपुरूषः कीर्तित्यागं कर्तुमशक्तः, तथैव-अहमपि एनां (सीताम्) परित्यक्तुमशक्तोऽस्मि। यो रामःसीतापवित्रतामित्थं प्रमाणयति (पश्यन्तु 6/118 श्लोक सं. 13तः22

पर्यन्तम्)। सैव रामः कस्यापि दुर्मखात् यद् वा लोकापवादभयात् गर्भवतीं सीतां निष्कासितां कुर्यात्, इति सर्वथा असंभवम्। रामः एतादृशमनुचितकार्यं कर्तुं कदापि नैव शक्तः। सीतया रामं प्रति आत्मनः - प्रेमदृढ़तायाः परिचय वनवासावधिकाले -एव प्रदत्तः। तथा च अयोध्याराजभवनसुखानि परित्यज्य वनवासकष्टानां सहनं- आग्रहपूर्वकम् स्वीचकार। रावणाधिवासकालेऽपि स्वात्मनः मनसा रामस्मरणकारणादेव सा जीवनं दाधार, अग्निपरीक्षायां सफला बभूव- एवं च रामेणापि तस्य पवित्रता प्रमाणिता।

परिपूर्णे रामचरिते एतादृशं किंचिदपि उदाहरणं नैवोपलभ्यते यत् तेन एकवारमपि गृहीतः कश्चिदपि निर्णयः परिवर्तितः कृतो भवेत्। रामेण तु- स्वात्मविषये स्वयमेव कथितम्- "रामो द्विर्नाभिभाषते।" अर्थात् रामः वचनद्वयं नैव ब्रूते। तस्य एकमेव वचनं सर्वथा सुदृढं अपरिवर्तनीयम् च। भरताग्रहे तथा च तस्य अनुनये, एवं च वसिष्ठस्य कथनेऽपि यो रामः वनवासात् नैव निवर्तते, सैव रामः सीतासम्बंधे स्वकथनात् परिवर्तितो भवेदिति सर्वथा असम्भवम्। तत्रत्यशासकः महत्वपूर्णनिर्णयकाले सभासद्भि एवं च मित्रनरेशै सह परामर्शं करोति। रामराज्याभिषेककाले दशरथेन विविधनरेशाः, नागराः एवं च जानपदाः राजसभायामामंत्रिता। एवं च सभासदां समर्थनानन्तरमेव निर्णयो ग्रहीतः। सभासदां सम्मुखं महाराजादशरथेन प्रस्तावः प्रस्तुतः - "यदि मया समुचितं विचारितं तर्हि भवन्तः मामनुमन्यताम्, अन्यथा कथ्यताम्- "अहं केन प्रकारेण कार्यं कुर्याम्। (पश्यन्तु 2/2 श्लोक सं. 1 तः 16 पर्यन्तम्)

रामेणापि सर्वेषु कार्येषु आत्मनः निकटतमसहायकैः सह परामर्शो गृहीतः। सुग्रीवदूतरूपेण समागतेन हनुमता सह वार्ताकरणाय पूर्वं लक्ष्मणः नियुज्यते। लक्ष्मणः एव सुग्रीवेण सह मित्रतार्थं प्राप्तं निमंत्रणं स्वीकरोति। पश्यन्तु (4/3 श्लोक 26, 27 तथा 36 तः 38 पर्यन्तम्) विभीषण परामर्शानुसारमेव सः दिनत्रयपर्यन्तं समुद्रं प्रार्थयते। सागरपरामर्शानुसारमेव सेतु निर्माणं क्रियते। युद्धकालेऽपि सर्वैः सहायकैः सह परामर्शः क्रियते। पुनःसीतापरित्यागे परामर्शाभावः कथं सम्भवो जातः। वस्तुतः सीतापरित्यागकल्पनाकारैः रामचरिते ध्यानमेव नैव दत्तम् । यतोहि तेषामुद्देश्यं तु रामचरित्रहननमेवासीत्।

सीतापरित्यागसमये रामः स्वःभ्रातृन् आमंत्र्य आत्मनः निर्णयेन सूचयति आग्रहं च करोति यत्ते मम् निर्णयस्य विरोधं न कुर्युः। (पश्यन्तु उत्तरकाण्डम् सर्ग सं. 45) किन्तु अस्मिन् समये गुरु वसिष्ठस्य एवं च मातृणां नास्ति कश्चिदुल्लेखः। अस्मिन् समये ते कुत्र सन्ति? एतादृशं अपि वर्णनं कुत्रचित्नास्ति। आम् सीता

लक्ष्मणं कथयति- "मदीयसर्वाभ्य:श्वश्रूभ्य: समानरूपेण हस्तयोजनपुर:सरं तासां चरणेषु मम् प्रणामं ब्रूहि । (पश्यन्तु सर्ग 47 श्लोक 10) उत्तरकाण्डस्य अस्या त्रुट्या परिमार्जनं विधाय परवर्तिक्षेपककारै: एका अन्या कथा कल्पिता- यत् सीतापरित्यागकाले मातरस्तथा च सपत्नीक: गुरुवसिष्ठ: ऋष्यश्रृंगस्य तस्मिन् यज्ञे गता-आसन् य: खलु द्वादशवर्षपर्यन्तं अनुष्ठीयमान: आसीत् (पश्यन्तु भवभूतिरचितं उत्तररामचरितम्)।

सामान्यजनोऽपि आसन्नप्रसवां पतिव्रतां तथा चात्मन: मनोनुकूलां पत्नीं गृहान्निष्कासयितुम् न शक्त:, पुन: मर्यादापुरुषोत्तमेन रामेण एतादृशपापकर्मण: कल्पनापि महापातक:। उत्तरकाण्डकथा विसंगतीनां पेटिका विद्यते। उदाहरणद्वयं द्रष्टव्यम्- "युद्धकाण्डे रामराज्यस्य विस्तरेण वर्णनं विद्यते।" यस्मिन् रामेण भ्रातृभि सहितं एकादशसहस्रवर्षपर्यन्तं राज्यं कृतम्" इत्येतादृशं वर्णितम् (समयावधौ मतभेद: सम्भव:)। इदं वर्णनं 128 तमे सर्गे श्लोक सं. 94 त: 106 पर्यन्तं सम्भूतम्। किन्तु क्षेपककार: उत्तरकाण्डे रामस्य एकमासशासन वर्णनं करोति (पश्यन्तु सर्ग: 41 श्लोक सं. 16 त: 22 पर्यन्तम्)। यदा रामस्य सम्पूर्णशासनकालवर्णनं संजातं तदा एकमासकालस्य को-अर्थ:?

एवमेव एका अन्यापि विसंगतिर्विचारणीया। उत्तरकाण्डकथानुसारं यस्तिन् दिवसे सीता पुत्रद्वयमजीजनत्, तस्मिन् दिने शत्रुघ्नोऽपि तत्रैव वाल्मीक्याश्रमे आसीत्। समाचारमिमं श्रुत्वा शत्रुघ्न: सीताया पर्णशालायां गत: एवं च अर्धरात्रौ श्रुतस्य एतस्य समाचारस्यानन्तरं तेन शेषरात्री प्रसन्नताया कारणात् तत्रैव व्यतीता। (पश्यन्तु सर्ग: 66-श्लोकौ 12, 13) द्वादशवर्षानन्तरं शत्रुघ्न: पुन: वाल्मीक्याश्रमे एकां रात्रिं व्यतीतामकरोत् । अत्र स: रामायणस्य छन्दोबद्धां कथां शुश्राव। किन्तु आश्चर्यमिदम् -यत् स: न तु सीतया सह मिलित: न च सीताया तस्याश्च पुत्राणां कुशलक्षेमं प्रपच्छ। अग्रिमे दिवसे स: अयोध्यां प्रति प्रचलित:। अयोध्यायां शत्रुघ्न: सप्तदिवसपर्यन्तं तस्थौ, किन्तु रामाय एतत्शुभसमाचारदानमपि नोचितं मेने- यत् भवान् सम्प्रति पुत्रद्वयस्य पिता वर्तते, यौ द्वादशवर्षीयौ किशोरौ संजातौ। एवं प्रतीयते यत् उत्तरकाण्डक्षेपककारोऽपि नैव कश्चिदेक: व्यक्ति:,- अपितु कतिपयजनानामेष: प्रयास: भवितुमर्हति।

एकस्यान्यस्यापि तथ्यस्य ध्यानमपेक्षितम्- यत् वाल्मीकिरामायणे उत्तरकांड योजनानन्तरं एतत्कालपर्यन्तमपि समाजेन तत् कृते मान्यता नैव प्रदत्ता। रामायण कथाया: सर्वाधिकप्रभावीस्वरूपम् रामलीलानां माध्यमेन प्रकटीभवति। तत्र रामकथासमाप्ति:, -रामराज्याभिषेकेण तथा च भरतमिलापेन सहैव संजायते। अस्य

देशस्य कोटिशो जना: एतादृशं विश्वासं कर्तुं नैव शक्नुवन्ति यत्- "रामसदृश: आदर्शराजा सीतापरित्यागनिर्णयं गृहीतुं समर्थ:।" एतदपि विचारणीयं तथ्यम्- "यत् भारतीयग्रंथा: सुखान्ता एव समाप्यन्ते, नैव दु:खान्ता:।" रामराज्याभिषेक:, पत्न्या: पुन: प्राप्ति:, तथा च अयोध्यावासिभि: एवमेव पारिवारिकजनै: सह सम्मेलनान्तरं ग्रंथसमाप्ति: एव वस्तुत: परंपरानुकूलता। एतेषां साक्ष्याणामाधारेण इदमेव कथनमुपयुक्तं स्यात्- यदुत्तरकाण्डकथा वास्तविक कथानन्तरं नियोजिता, एवं च कथामिमां योजयद्भि: क्षेपककारै: तत्समये समुत्पन्नासु विसंगतीषु ध्यानमेव न दत्तम्। तेषामुद्देश्यं तु एकं महनीयमादर्शचरित्रं कलंकितं विधाय वैदिकधर्मस्य आधारस्तंभमेव अशक्तीकरणं आसीत्।

उत्तरकाण्डप्रयोजनम् :-

इदमत्र विचारणीयं विद्यते यदिदं काण्डं कथं कदा च नियोजितम्। प्रक्षिप्तस्य यद्वा क्षेपकस्य अयमाशय: - "यद् आत्मन: रचनां कस्याप्यन्यस्य नाम्ना प्रस्तोष्य तस्या: कस्यापि- इतरस्य कवे: प्रसिद्धग्रंथे नियोजनम्।" अद्यतनीयपरिवेशे इयं वार्ता काचिद् विचित्रा इव प्रतीयते, यतो हि- अद्यत्वे तु अन्येषां रचनानामात्मन: नाम्ना मुद्रणस्य, यद्वा श्रावणस्य परंपरा विद्यते। इदं साहित्यिक चौर्यं गतत्रय यद्वा गतशतचतुष्टयवर्षेभ्य: एव प्रारब्धम्। "हिन्दीसाहित्यस्य भक्तिकालपर्यन्तम् - अर्थात् 1000 वि.स. पर्यन्तम्" -एतादृशं किंचिदपि उदाहरणं नैव प्राप्नोति। वस्तुत: भारतीयकवय: आत्मप्रशंसाया: यद्वा यश:कामनाया अतीव दूरमासन्। अत: यदा ते स्वात्मन: विषये एव किंचिदपि नैव लिखन्नासन तर्हि ते चौर्यं कथं कुर्यु:? इदं साहित्यिक चौर्यं तु राज्याश्रितकवीनां काले-एव प्रारब्धम्। पुरातनकवीनां काले तु आत्मन: रचनां कस्याप्यन्यस्य प्रसिद्धकवे: ग्रन्थे संयोजनस्यासीत्। एतत्कारणादेव उत्तरकाण्डरचयितार: स्वात्मन: रचनां स्वनाम्ना न ददु:, -अपितु ताम्- आदिकवेर्महाकाव्ये योजयमासु:। हिन्दीसाहित्यस्यादिकाले लिखितेषु रासोग्रंथेषु एकस्य कवेर्नानाम्ना एव अनेककवीनां रचना: युज्यन्त्य: आसन्। एतादृश: एव एक: दुष्ट: प्रयास: "गोस्वामी तुलसीदासरचितरामचरितमानसेन" सह बभूव। कतिपयक्षेपककारै: अष्टमं काण्डं लवकुशकाण्डनाम्ना संयोजितमासीत्। मानसान्त:साक्ष्यमाधृत्य -इदं सिद्धं यत् -"अष्टमं काण्डं क्षेपकं विद्यते।" वर्तमानप्रतीषु तत् काण्डम्- स्थान प्राप्तुं समर्थो नैव संजात:। वाल्मीकिरामायणपक्षेपि एतादृश: एव न्यायोचितनिर्णयो भवितव्य: यत् - "युद्धकाण्डान्ता-एव ग्रंथसमाप्ति:।"

क्षेपककारेषु केषांचिदन्तकरणे -अस्य काण्डस्य प्रयोजनम्- "धार्मिक विद्वेष एव आसीत्।" रामकथायाः उत्तरकाण्डे मुख्यतः रामसम्बन्धिता घटनाद्वयी विद्यते। प्रथमा घटना सीतापरित्यागः, द्वितीया च शंबूकवधः। रामस्य समग्रेऽपि चरित्रे कमपि मानवम् काचिदपि आपत्तिर्नास्ति। वस्तुतः इयं घटनाद्वयी षड्यंत्रपरिणामस्वरूपेण नियोजिता। रामायणरचनाकालः बौद्ध धर्मोद्भवात् अत्यधिकपूर्ववर्ती विद्यते। धार्मिकदृष्टिकोणयुतानां जनानां कृते तु इयं घटना त्रेतायुगीना वर्तते। किन्तु पाश्चात्यशिक्षाप्रभाविताः-इतिहासकाराः अपि इमां कथां जैनबौद्धधर्माभ्यामपि सहस्रवर्षपुरातनीं स्वीकुर्वन्ति।

महाभारतकालमपि पाश्चात्यविचारकाः न्यूनातिन्यूनम् - द्विसहस्र ई०पू० घटनामंगीकुर्वन्ति। पार्जीटरमहोदयस्य इदं कथनम् - यत् महाभारतयुद्धं प्रायशः 1950 ई०पू० काले संजातम् (पश्यन्तु प्राचीन भारत का इतिहास बी.डी. महाजन)। एतत्कालपर्यन्तं रामायणे उत्तरकाण्डम् नैव संयुक्तमासीत्। यतो हिमहाभारतस्य रामोपाख्याने इयं कथा नैव प्राप्यते। बौद्धजैनधर्मयोः लेखकैः कविभिश्च वैदिकधर्मापेक्षया स्वधर्मस्य श्रेष्ठतां प्रमाणयितुं वैदिकधर्मस्य आदर्शपुरुषरामस्य चरित्रे परिवर्तनं विधाय अनेकाः कथाः कल्पिताः। अस्मिन् संदर्भे सर्वप्रथमप्रयासः गुणाढ्यस्य वृहत्कथायां प्रायशः ई०पू० द्वितीयशताब्दयाः पूर्वं संजातम्। तत्प्रभावः एव सोमदेवस्य कथासरित्सागरोपरि विद्यते।

अनन्तरम् - बहुविधाः अनेकाः कथाः कल्पिता। दशरथजातकेन तु सीतारामौ, भगिनीभ्रातरौ एव प्रकल्पितौ। तत्र तु रामः द्वादशवर्षाणि व्यतीत्य सीतया सह विवाहं करोति, एवं च जैनग्रंथपउमचरितचित्रितौ "रामलक्ष्मणौ" रावणश्च त्रयोपि जैनधर्मम् स्वीकुर्वन्ति। अत्र-(पउमचरिते) रामस्य "अष्टसहस्रसंख्याकाः", लक्षमणस्य च षोडशसहस्रसंख्याकाः" पत्न्यः कथिताः। विभिन्नकवयः प्रथक्-प्रथक् स्वस्वप्राकारिकाः कल्पनाश्चक्रुः। कुत्रचित् लोकापवादःकारणं कथितः। अन्यत्र दुर्मुखस्य कल्पना विहिता। अन्येन केनापि कैकेयीषड्यंत्रः कथितः-अपरेण च तस्य कन्यायाः। एवमितरेण च सीतासपत्नीनां षड्यंत्रः उक्तः। कुत्रचित् सीता-रामचरणयोश्चित्रं चित्रयति, अन्यत्र च पादांगुष्ठस्य । क्वचित्-सीता रावणस्य चित्रं व्यजने चित्रयित्वा- तम् आत्मनः वक्षस्थले संसथाप्य स्वपन्ती वर्णिता। एताभिः- विविधकल्पनाभिरेव इदं अनुमानं कर्तुम् शक्यते, यद् एताः कल्पनाः - वास्तविकतायाः कियद्दूरवर्तिन्यः वर्तन्ते।

एतादृशदुष्प्रचारस्य परिणामोऽयं संजातः यत्ते कवयोऽपि प्रभाविता जाता ये श्रीरामं मर्यादापुरुषोत्तमरूपेण स्वीकुर्वन्ति। कालिदासभवभूतिप्रभृतिकवयोऽपि

इमाम् कथां स्वीचक्रुः । गोस्वामीतुलसीदासमहाभागाः खलु प्रसिद्धाः रामभक्ताः। तेषां "रामचरितमानसः" नूनं विश्वविख्यातग्रन्थः । अस्मिन्ग्रन्थे तु तैः सीतापरित्यागघटना नैव ग्रहीता, किन्तु एकां नूतनकल्पनां विधाय इमां गीतावल्यां स्थानं प्रदत्तम्, एवं च जानकीं वाल्मीक्याश्रमे प्रेषयामास । तुलसीदासस्य मौलिककल्पना एतादृशी वरीवर्ति –

संकट-सुकृत को सोचत जानि जिय रघुराउ ।
सहस द्वादस पंचसत में कछुक है अब आउ ॥

भोग पुनि पितु-आयु को, सोउ किए बनै बनाउ ।
परहरे बिनु जानकी नहिं और अनघ उपाउ ॥

रामस्य स्वात्मनः पंचाधिकद्वादशसहस्रात्मिका आयुः परिपूर्णतां याति। राजादशरथस्य मृत्युः असमये एव संजाता। अतः – रामः सम्प्रति पितुः अवशिष्टायुषः भोगं करिष्यति। तदा तत्समये सीतया सह पतिनिर्वाहपापो भविष्यति। अस्मात् कारणात् सीतायाश्चरित्रेण परमसंन्तुष्टो रामः – सीतापरित्यागं चिन्तन् एव आसीत, – तदा गुप्तचरैः लोकमतं ज्ञात्वा सीतां तस्याः अभीष्टरुचिविषये पृच्छति। सीता स्वयमेव वनगमनाय तत्परा विद्यते। तदा रामः लक्ष्मणं वदति :-

तात तुरतहि साजि स्यन्दन सीय लेहु चढ़ाइ ।
वाल्मीकि मुनीस आश्रम आइयसु पहुँचाइ ॥

एतादृशीविभिन्नकल्पनाभिः तथ्यमिदं प्रमाणितं भवति– "यदि सीतापरित्यागः वास्तविकः अभविष्यत्, तर्हि तत्कारणात् विविधाःकल्पनाः नैव कल्पिताः स्युः। सर्वैः कविभिः सीतापरित्यागस्य एकमेव कारणं कथितम् स्यात्।।

धार्मिकवैमनस्यकरणात् रामस्य चरित्रे यादृशं परिवर्तनं कृतं तादृशं परिवर्तनम् – अन्यत्रापि द्रष्टुं शक्यते। उदाहरणार्थम् – असुरशब्दः कदाचित् देवतावाचकः – आसीत्। "ईरानदेशीयानां देवताभिधानम् अहुरमज्दा" विद्यते। अस्माकं "सः" तत्र "ह" भवत्येव। ईरानदेशीयैः सह संबन्धाः –यदा मधुराः नैव आसन् तदा अस्माभिः "असुरशब्दः" – राक्षसपर्यायवाची निर्मितः। एवमेव "देवानां प्रियः" इति शब्दस्यार्थसंबन्धे अर्थपरिवर्तनं संजातम्। यदा बौद्ध धर्मपोषकेण अशोकेन, –आत्मनः विरूद्धः "देवानां प्रियः" –इति "संधारितः – तदा वैदिकधर्मावलम्बिभिः अस्य शब्दास्यार्थः "मूर्खः इतिविहितः।।

इयमपि शंका भवितुमर्हति यत् काल्पनिककथा एतादृशी विश्वसनीया कथं भवितुमर्हति। कतिपयोदाहरणद्वारा अस्याः शंकायाः निवारणं भविष्यति। महाभारतस्थशकुन्तलोपाख्यानस्य दुष्चरित्रो दुष्यन्तः - कालिदासस्य अभिज्ञानशाकुन्तले (नाटके) धीरललितकोटिनायकः निर्मीयते। दुर्वासाशापस्य एकया काल्पितघटनया संपूर्णः इतिहासः परिवर्ततः। एवमेव ऐतिहासिकतथ्यमिदं विद्यते यत् पृथ्वीराजचौहानकृता मुहम्मदगौरीपराजयः एकवारमेव संजाता तथा च द्वितीयवारविहिते युद्धे पृथ्वीराजपराजयः संजाता तस्य मृत्युश्च बभूव। किन्तु चारणीयकल्पनाकारणात् अद्य भारतस्य अधिकांशजनः सप्तदशवारं गौरीपराजयं वर्णयति। एवं च केवलं एकछन्दानुसारं शब्दभेदीवाणेन पृथ्वीराजद्वारा कृतं गौरीवधं स्वीकरोति। छन्दस्तावदिदं विद्यते -

चार बाँस चौबीस गज, अंगुल अष्ट प्रमान ।
ता ऊपर सुलतान है, मत चूकै चौहान ॥

किन्तु वास्तविकता इयमस्ति - यत् 1192 ई० तमे ताइरानयुद्धे पृथ्वीराजमृत्यु संजाता। एवं च मोहम्मदगौरी 1194 ई० तमे वर्षे कन्नौजनगरोपरि आक्रमणं कृत्वा तत्रत्यराजानं जयचन्दं पराजितं चकार। गौरी स्वयं 1206 ई० तमे वर्षे सुल्तानस्य खोक्खराणां हस्तैः व्यापादितः।

पृथ्वीराजसम्बंधिनी घटना तु केवलं 800 वर्ष प्राचीना विद्यते। एवं च कल्पना वास्तविकी स्वीक्रियते। आधुनिककालीना एका घटना, या खलु 1857 ईस्वीया विद्यते, तद्विषये महतोमहीयान्सः विद्वान्सः कल्पना सत्यात्मिकां मन्यमानास्तितिष्ठन्ति। मंगलपाण्डेयमहाभागस्य "मेरठक्रान्त्याःसह सम्बंध संयोजनम् एतादृशी विस्मृतिरेव विद्यते।" मंगलपाण्डेयमहाभागस्य मयराष्ट्रेण सह नास्ति कश्चित् सम्बंधः। तत्सम्बधस्तु बंगप्रान्तस्य बैरकपुरछावनीसह वरीवर्ति, एवं च जलपात्रेण (लोटानामकपात्रेण) जलपायननिषेधसम्बंधिनी घटनापि तत्रत्या -एव वर्तते। इयं घटना "मार्च 1857 वर्षात्मिका विद्यते,- यदा च मेरठनगरे विद्रोहः 1857 वर्षे मई मासस्य दशमे दिवसे बभूव।" न केवलं सामान्यजनाः, अपितु यदा कदा सुशिक्षिताः सज्जनाः अपि एवं कथयन्तः श्रूयन्ते यत् क्रान्त्याः प्रारम्भः मेरठनगरात् मंगलपाण्डेयमहाभागेन कृतः आसीत्। वास्तविकता केवलमियमस्ति यत् 1857 संवत्सरीयस्वतंत्रतासंग्रामस्य प्रथमःशहीदः(बलिदानी) मंगलपाण्डेय अस्ति, - किन्तु तस्य गलपाशलम्बनम् (फाँसी) 1857 तमे वर्षे बैरकपुरछावनीस्थाने एव बभूव।

यदा मध्यकालिकानां तथा च आधुनिकालिकानां उपर्युक्त काल्पनिक कथानां सत्यता स्वीकृता, तदा तु ई॰पू॰ सहस्रवर्षकालिक काल्पनिक कथाः अपि सत्याः संजाताः। रामकथासंबद्धाः अनेक। एतादृशीघटना विद्यन्ते यासां उल्लेखः वाल्मीकिरामायणे न विद्यते। किन्तु भारतीयजनमानसः तासां सत्यतायां ऐतिहासिकघटनासदृशमेव विश्वसिति। रामकथा प्रामाणिकतायाः आधारस्तु वाल्मीकिरामायणे एव विद्यते। अद्य अहिल्यायाः प्रस्तरमयी स्थितिः, लक्ष्मणपरशुरामसंवादः, शबरीकृतानि उच्छिटबदरीफलानि तथा च तस्याः भीलिनीरूपम् एवमेव लक्ष्मणरेखादयः प्रसंगाः रामकथांगानि विद्यन्ते, किंच एते सर्वे परवर्तीकवीनां कल्पनाधारिताः सन्ति। अद्य सामान्यजनाः, एतासां कथानां काल्पनिकतां स्वीकर्तुं नैव सन्नद्धाः। किन्तु एते प्रसंगाः रामकथायाः महत्वपूर्णप्रभावीप्रसंगरूपेण स्वीकार्या विद्यन्ते। तुलसीकल्पनया - लक्ष्मणः परशुरामेण सह प्रतियोगितः। एवं च केशवेन रामचन्द्रिकायां - इदं कार्यं भरतद्वारा सम्पादितम्।

सीतापरित्यागकल्पनाकाराः लेखकाः भारतीयवैदिकमान्यताभिः अवगताः नैव आसन्। अन्यथा तैः सा कथा नैव नियोजिता स्यात्। यदि कस्यापि नार्याः बलपूर्वकं अपहरणं विधीयते तर्हि तत्कृते सा नारी दोषपूर्णा नैव भवति। देवगुरुबृहस्पति पत्नी तारा, चन्द्रमसा- अपहृता, एवं च चन्द्रमसा सह सहयोगेन बुधनामकः पुत्रोऽपि संजातः, किन्तु ब्रह्मामहाभागानां हस्तक्षेपेण, तारा बृहस्पतिं प्राप्ता। गौतमपत्नी अहिल्यया सह इन्द्रेण समागमः कृतः। अतः शापः अदीयत। किन्तु शापावधिपूर्त्यनन्तरं सा गौतमेन ससम्मानं स्वीकृता। सत्यवत्या तथा कुन्तीमाहाभागया विवाहात् पूर्वं- क्रमशः पराशरेण तथा सूर्येण सह सम्बन्धं विधाय व्यासकर्णौ समउत्पादितौ। सत्यवत्याः विधवापुत्रवधूभ्यां सह सम्बंधं विधाय व्यासः धृतराष्ट्रं पाण्डुं च जन्म ददौ। उर्वशीमेनकाभ्यां क्रमशः पुरूरवाविश्वामित्राभ्यां सह समागमानन्तरं सन्तानमुत्पाद्य पुनः इन्द्रसभायां स्थानं प्राप्तम्।

पाण्डुना आत्मनः पत्नी कुन्तीं तथा च माद्रीं पुत्रप्राप्त्यर्थं देवैः सह समागमादेशः प्रदत्तः आसीत्। द्रौपदी पतिपंचकं स्वीचकार। एतासां नारीणामुपरि कश्चिदपि नरः कलंकं नैव आरोपयतु, अतः -तारा, अहिल्या, कुन्ती, मन्दोदरी एवं च द्रौपदी, एतासां समूहः "कन्यापंचकः" इतिरूपेण मन्यते, यासां च "प्रतिदिनस्मरणं पुण्यदायकं कथितम्। "यस्मिन् समाजे नियोगस्य मान्यता स्यात, तत्र एकां स्त्रियं बलपूर्वकं केनाप्यन्यपुरुषद्वारा उत्थाप्य नयनम्"

–अपराधरूपेण स्वीकर्तुं नैव शक्यते। वस्तुतः यदा नियोगप्रथा समाप्ता, –तदा नारीसतीत्वं सशक्तीकर्तुं तथा च पतिव्रतामहत्ता प्रतिपादयितुं "रामद्वारासीता-निष्कासनकल्पितकथा संयोजिता।"

उत्तरकाण्डस्य द्वितीया महत्वपूर्णघटना "शम्बूकवधः" विद्यते। अस्याः घटनायाः योजनस्य उद्देश्यं समाजस्य दुर्बलवर्गं यद्वा तत्कालानुसारं शूद्राणां बौद्धधर्मं प्रति आकृष्टीकरणमासीत्। शम्बूकथायोजनाकारैः रामस्य पूर्ववर्ती चरित्रोपरि ध्यानं न दत्तम्। रामः अयोध्यापतिमहाराजादशरथस्य ज्येष्ठपुत्रः एवं च मिथिलानरेशजनकस्य ज्यामात्रः अस्ति। तथापि तेषां मित्रमण्डल्यां कश्चिद् ऋषिः-मुनिः, ब्राह्मणः, क्षत्रियः, यद्वा, नरेशः नैव विद्यते। तैः अयोध्या अथवा मिथिलातिरिक्तं कस्मिश्चिदपिनगरे प्रवेशः नैव कृतः। निषादभीलवानरराक्षसास्तेषां मित्रमण्डले विद्यन्ते। गृद्धराजटायुस्तेषां पितृतुल्यः। श्रीरामः निषादराजगुहं आत्मनः भुजयोः प्रगृह्य तत्कुशलक्षेमं पृच्छति। लक्ष्मणः हनुमानं वदति – "अहं च श्रीरामश्च द्वावपि सुग्रीवशरणमागतौ।" रामः सुग्रीवं गले गृह्णाति, विभीषणं च मित्रं कृणोति। राज्याभिषेकानन्तरं अयोध्यातः – स्वस्वस्थानेषु प्रत्यावर्तनकाले रामः सर्वेषामप्येतेषां मित्राणां वस्त्राभूषणैः स्वागतं करोति। अयमाशयः –यद् रामस्य मित्रमण्डलीजनास्तु तस्य समुदायस्य एव विद्यन्ते येन वर्गेण सह शम्बूकः संबंद्धः।

अन्यच्च – रामस्य सम्पूर्णः संघर्षः आदर्शस्थापनार्थमेव बभूव। अन्यायपीडितजनानां सहायता अथवा युगीनान्यायविरुद्धसंघर्षः एव रामजीवनोद्देश्यमासीत्। रामस्तु – वंचितानां, शोषितानां, दीनदुखीनां, अपमानितानां तथा च प्रताड़ितजनानां विश्वासस्य प्रतीकभूतः वरीवर्ति। पतिद्वारातिरस्कृता एवमुपेक्षिता अहिल्या, बालिद्वारापीडितः –भयाक्रान्तश्च सुग्रीवः, अग्रजद्वारा निष्कासितः एवमपमानितः –विभीषणः, समाजेनोपेक्षिता शबरी, समाजस्य निम्नतमस्थाने स्थितो निषादः– एते सर्वेऽपि वस्तुतः रामस्य आत्मीया एव। एतादृशस्य रामस्य हस्ताभ्यां शम्बूकवधवर्णनप्रदर्शनं मन्ये विपरीतगंगाप्रवाहनमेव। अतः एतादृशी निराधारकल्पना केवलं गल्पमात्रमेव।

यदि शम्बूकवधे ध्यानं प्रदीयेत तर्हि तस्य निरर्थकता स्वतः एव सुस्पष्टा भविष्यति। ब्रह्मणपुत्रस्य असमयमृत्युविषये शूद्रतपस्यां कारणं मन्यमानः रामः शम्बूकपार्श्वं गत्वा तस्य परिचयं ज्ञातुमैच्छत्। शम्बूकेन कथितम् – "भो महायशस्वी राम! अहं शूद्रयोनिजातोऽस्मि। अहं असत्यं नैव वदामि। देवलोकं

गत्वा देवत्वाभिलाषी अस्मि।" यदा स एवं कथयन् आसीत्, तदा रामः असिप्रहारेण तस्य शिरश्छेदं चकार। (पश्यन्तु उत्तरकाण्डम् - सर्गः 76 श्लोकः द्वितीयः तृतीयश्च)। रामेण सः किंचिदपि न ज्ञापितः न च तेन सह काचिदन्या वार्ता विहिता। यदि एतादृशं कार्य कश्चिदपि सामान्यजनः कुर्यात्, तर्हि जनास्तं उन्मत्तं मस्तिष्कहीनं च कथयिष्यन्ति। एवं च किंचित् विचारयत् - यत् मर्यादापुरुषोत्तमः, कौशलनरेशः, नीतिज्ञोरामः, किमेतादृशम् - अविवेकपूर्ण कार्य कर्तुं शक्तः? इयं केवलं वैदिकधर्म यद्वा तद्धर्मशिखरपुरुषं (श्रीराम) निन्दयितुं कविकल्पनामात्रमेव।

निष्कर्षतः - वयं तु इदमेव जानीमः यत् -"वाल्मीकिरामायणस्य उत्तरकाण्डम् - परवर्तिभिस्तथाच निहितस्वार्थीभिः कविभिर्संयोजितः क्षेपकः एव।" अन्यच्च - सीतापरित्यागस्तथा च शम्बूकवधसदृशीकथाः - "कविकल्पनायाः यद्वा गल्पनायाः - अतिरिक्तम् नान्यत् किंचित्।"

अन्ततश्च:- हिन्दी साहित्य सततसाधकेन अनेकानेक शोधात्मक ग्रन्थ लेखकेन-मूलतः शिक्षाक्षेत्रे यशस्वीप्राध्यापकेन विद्वद्वरेण्येण श्रीमता प्रोफेसर चन्द्रपाल शर्मणा स्वरचिते "मानसचिन्तन" इति गौरवमयग्रन्थे ग्रथितस्य एवं च- "वाल्मीकिरामायण का उत्तरकाण्ड" इति शीर्षकेण मूलतः राष्ट्रभाषायां लिखितस्य गवेषणात्मकलेखस्य मया तेषामनुमत्या देवभाषायां रूपान्तरो विहितः, - इति कृत्वा धन्यमात्मानं मन्ये।

विनीतः

डॉ० गणेश दत्त शर्मा

पूर्व प्राचार्य,

लाजपत राय पोस्ट ग्रेजुएट कॉलेज,

साहिबाबाद।

गुजराती

વાલ્મીકિ રામાયણનો ઉત્તરકાંડ

વાલ્મીકિ આદિકવિ છે અને એમની રામાયણ લૌકિક સાહિત્યનો સર્વપ્રથમ ગ્રંથ છે. વસ્તુતઃ ભારતીય સાહિત્ય માટે સામગ્રીના આધારભૂત સ્રોત રામાયણ તેમજ વ્યાસકૃત મહાભારત જ છે. આ દેશનું સાહિત્ય, સમાજ, જીવન, આસ્થા, માન્યતાઓ તેમજ વિશ્વાસ બધું આ બંને ગ્રંથથી પ્રભાવિત નજરે પડે છે. રામકથા ખૂબ મોટા વર્ગ માટે ધાર્મિક કથા છે અને કેટલાક ઓછા વર્ગ માટે ઐતિહાસિક વાર્તા છે. કેટલાક લોકો માટે આ આદિકવિની કલ્પના પણ હોઈ શકે છે પરંતુ આ કથા જીવનના વિવિધ ક્ષેત્રોમાં આદર્શ વ્યવહારની કથા છે, એવું બહુધા સૌને માન્ય છે.

ધાર્મિક લોકો માટે રામનો કાળ (સમય) લાખો વર્ષ જૂનો છે, પરંતુ પાશ્ચાત્ય વિચારકો અથવા ઈતિહાસકારોની ભ્રાન્ત ધારણાઓના આધાર પર વિચારનારાઓ માટે પણ આ કાળ ઈસાથી હજારો વર્ષ પ્રાચીન છે. વાલ્મીકિના અન્તઃ સાક્ષ્યથી પ્રતીત થાય છે કે, રામાયણની રચના રામના જીવનમાં જ થઈ ગઈ હતી. ગ્રંથના પ્રારંભમાં વાલ્મીકિ મુનિ નારદને પૂછે છે :-

કોન્વસ્મિન્ સામ્પ્રતં લોકે ગુણવાન્ કશ્ચ વીર્યવાન્ ।
ધર્મજ્ઞશ્ચ કૃતજ્ઞશ્ચ સત્ય વાક્યો દ્રઢવ્રતઃ ॥

અહીંયા 'સામ્પ્રતં' શબ્દ અને પછી નારદજી દ્વારા રામ-ચરિત્રના વર્ણનમાં પ્રયુક્ત વર્તમાનકાલીન ક્રિયાઓ ઉપર્યુક્ત કથનને પ્રમાણિત કરવામાં પર્યાપ્ત છે. વાલ્મીકિ રામાયણમાં રામના જન્મથી લઈને લંકા વિજય, રામ રાજ્યાભિષેક, મિત્રો તેમજ સાથીઓની વિદાય તથા ગ્રંથનું મહાત્મય સુધીની કથા યુદ્ધકાંડ સુધી અર્થાત્ પ્રથમ છ કાંડમાં વર્ણિત છે. ઉત્તરકાંડ સાતમો કાંડ છે, જેમાં રામથી સંબંધિત સીતા-પરિત્યાગ તેમજ શમ્બૂક વધ બે ઘટનાઓનું વર્ણન છે. ઉત્તરકાંડ વાલ્મીકિ રચિત નથી, એવો મત વિવાદાસ્પદ છે. એક તરફ તેઓ ધાર્મિક આસ્થાવાન વિદ્વાન છે, જેઓ ધર્મ ગ્રંથોમાં કોઈ પ્રકારની

કલ્પનાની સંભાવનાનો સ્વીકાર જ નથી કરી શકતા અને બીજી તરફ તેઓ ચિંતક છે, જે આધુનિક શિક્ષણ-પદ્ધતિથી શિક્ષિત હોવાના કારણે વિશ્લેષણ પછી જ સત્યાસત્યનો નિર્ણય કરે છે. ઉત્તરકાંડને વાલ્મીકિ દ્વારા રચિત માનીને અને એમાં વર્ણિત કથાને લઈને પરવર્તી સાહિત્યમાં અનેક ગ્રંથોનું નિર્માણ થયું છે. રામના રાજા બન્યા પછી એમના જીવન તેમજ કાર્યોના સંબંધમાં જે કંઈ પણ જાણકારી આપણને ઉપલબ્ધ છે, તે ઉત્તરકાંડના આધાર પર જ છે. આ કાંડની સૌથી ચર્ચિત ઘટના સીતા-પરિત્યાગ છે. તેથી, આ કથાને લઈને વિભિન્ન ભાષાઓના અનેક કવિઓએ ઘણા બધા ગ્રંથ લખ્યા છે.

ઉત્તરકાંડમાં વાલ્મીકિના શિષ્ય તેમજ સીતાના પુત્ર લવ-કુશ રામને રામાયણ સંભળાવે છે. રામ આ બાળકોને પૂછે છે કે, આ મહાન કાવ્યાના કર્તા કોણ મુનીશ્વર છે. જવાબમાં બંને કુમાર વાલ્મીકિનું નામ બતાવવાની સાથે એ પણ બતાવે છે કે, આ કાવ્યમાં ૨૪ હજાર શ્લોક અને ૧૦૦ ઉપાખ્યાન છે. આગળના શ્લોકમાં પાંચસો સર્ગ તથા છ કાંડ તેમજ ઉત્તરકાંડનું પણ વર્ણન છે.

સંનિબદ્ધ હિ શ્લોકાનાં ચતુર્વિંશત્સહસ્રમ્ ।
ઉપાખ્યાનશતં ચૌવ ભાર્ગવેણ તપસ્વિના ॥
આદિપ્રભૃતિ વે રાજન્ પંચસર્ગશતાનિ ચ ।
કાણ્ડાનિ ષટ્કૃતાનિહ સોત્તરાણિ મહાત્મના ॥ /૭/૯૪/૨૬-૨૭

બાલકાંડના ચતુર્થ સર્ગમાં પણ શ્લોક, કાંડ તેમજ સર્ગની સંખ્યાનું વર્ણન થયું છે:-

ચતુર્વિંશત્સહસ્રાણિ શ્લોકાનામુક્તવાનૃષિઃ ।
તથા સર્ગ શતાન્ પંચ ષટ્કાણ્ડાનિ તથોત્તરમ્ ॥ શ્લોક સંખ્યા -૧-૪-૨

બંને સ્થાન પર 'ષટ્ કાણ્ડાનિ'નો પ્રયોગ અને ઉત્તરકાંડ માટે 'સોત્તરાણિ' તેમજ 'તથોત્તરમ્' શબ્દોનો પ્રયોગ સ્વયંમાં વિચારણીય સામગ્રી છે. જ્યારે ઉત્તરકાંડ સાતમો કાંડ છે, તો કવિએ સાત કાંડની વાત કેમ નથી કહી, પ્રથમ છ કાંડનો ઉલ્લેખ સંખ્યાવાચક શબ્દથી થયો છે અને સાતમા કાંડનો ઉલ્લેખ નામવાચક સંજ્ઞાથી થયો છે. કવિને સાતની સંખ્યાથી કોઈ વાંધો તો ન હતો. 'સાત'ની સંખ્યા તો 'છ'ની તુલનામાં શુભ માનવામાં આવે છે.

ઉત્તરકાંડ તેમજ બાલકાંડમાં વર્ણિત તથ્યોની સત્યતાને જોતા સમયે એ જ્ઞાત થાય છે કે, વર્ણિત સંખ્યાનો વાસ્તવિકતા સાથે તાલમેળ નથી બેસતો.

રામાયણની વિભિન્ન પ્રતિઓમાં ભિન્નતાનું હોવું શક્યછે, પરંતુ ધાર્મિક ગ્રંથોની પ્રામાણિકતા માટે ગીતા-પ્રેસ ગોરખપુરની પ્રતિઓને આધાર માનવી અનુચિત નથી કહી શકાતી કેમ કે એમને તૈયાર કરનાર સજ્જન તેમજ આ સંસ્થા ધાર્મિક આસ્થા પર આધારિત છે. ગીતા પ્રેસની પ્રતિમાં પ્રથમ છ કાંડમાં જ ૫૩૪ સર્ગ છે. જો ઉત્તરકાંડના ૧૧૧ સર્ગની શ્લોક સંખ્યા૨૦,૨૦૦ની આસપાસ રહી જાય છે અને જો ઉત્તરકાંડની શ્લોક સંખ્યા પણ જોડી દઈએ તો પણ આ ૨૪ હજારથી કેટલાય શ્લોકથી ઓછી રહી જાય છે. આ સ્થિતિ ઉપાખ્યાનોની સંખ્યાના વિષયમાં પણ છે. સ્પષ્ટ છે કે, ઉત્તરકાંડના જે

બે શ્લોકને પ્રથમ ઉદ્દ્ધત કરાઈ ચુક્યા છે, એમાં વર્ણિત તથ્ય સત્યથી મેળ નથી ખાતા.

કાંડની સંખ્યાના વિષયમાં એક અન્ય સ્થાન પર પણ સંદેહ થાય છે. બાલકાંડના સર્ગ ત્રણમાં વાલ્મીકિ કથામાં નિબદ્ધ વિષયોનું સંક્ષેપમાં વર્ણન કરતાં સમયે કોઈ કાંડનું નામ નથી આપતા. લગભગ ૨૯ શ્લોકમાં પ્રથમ ૬ સર્ગની કથાઓનો ઉલ્લેખ છે, પરંતુ ના તો એમનું કાંડાનુસાર વિભાજન છે અને ના એ કાંડોના નામનો ઉલ્લેખ છે. (જુઓ - શ્લોક ૧૦થી ૩૮ સુધી) પરંતુ આ સર્ગના અંતિમ શ્લોકમાં 'તચ્ચકારોત્તર' લખીને રામના ચરિત્રની તરફ સંકેત કરવામાં આવ્યો છે, જે કવિની શૈલીના અનુકૂળ પ્રતીત નથી થતું. અંતિમ એક શ્લોકમાં વિદેહ નન્દિની સીતાનો વનમાં ત્યાગ કરવો વગેરે વૃત્તાંતો તેમજ શ્રીરામના ભવિષ્ય ચરિત્રની વાત કહેવામાં આવી છે. શ્લોક આ પ્રકારે છે :-

સ્વરાષ્ટ્રરંજનં ચૌવ વૈદેહ્યાશ્ચ વિસર્જનમ્ ।
અનાગતં ચ યત્ કિંચિદ્ રામસ્ય વસુધાતલે ।
તચ્ચાકારોત્તરે કાવ્ય વાલ્મીકિ ભગવાનૃષિઃ ॥
શ્લોક૩૮નો અડધો તેમજ શ્લોક ૩૯

અહીંયા ધ્યાન આપવા જેવી વાત એ છે કે, જ્યાં અન્ય કાંડોની એક-એક નાની-મોટી બધી ઘટનાઓનું વર્ણન કરવામાં આવ્યું છે, ત્યાં ઉત્તરચરિત્ર અથવા એમ કહીએ કે, ઉત્તરકાંડની ફક્ત એક ઘટના સીતા-પરિત્યાગનો ઉલ્લેખ છે. એનાથી જો એ નિષ્કર્ષ કાઢવામાં આવે કે, ઉત્તરકાંડ લખનારાઓએ જ સર્ગના બિલ્કુલ અંતમાંઆ ત્રણ પંક્તિને જોડી દીધી છે તો અનુચિત નહીં થાય. અહીંયા

એ પણ ધ્યાન આપવાનીવાત છે કે, શ્લોક ૩૮ને ચારના સ્થાન પર છ ચરણનો કરી દેવામાં આવ્યો છે, નહીંતર સર્ગની સમાપ્તિ તો આડત્રીસમા શ્લોકમાં જ થઈ રહી હતી.

પ્રેષણં વાયુપુત્રસ્ય ભરતેન સમાગમમ્ ।
રામાભિષેકાભ્યુદયં સર્વ સૈન્યવિસર્જનમ્ ॥ શ્લોક ૩૮

ઉત્તરકાંડના વિષયમાં અન્ય એક તથ્ય ધ્યાન આપવા યોગ્ય છે. ધાર્મિક ગ્રંથોને વાંચવા અથવા સાંભળવા માટે બહુધા ફળશ્રુતિ આપવામાં આવે છે, જેને ગ્રંથ મહાત્મય કહે છે. એની બે શૈલી છે. એક શૈલીમાં ગ્રંથના પ્રત્યેક કાંડ કે અધ્યાયના અંતમાં ગ્રંથનું મહાત્મય વર્ણિત કરવામાં આવે છે, જેમ કે ગોસ્વામી તુલસીદાસજીએ પોતાના રામચરિતમાનસમાં કર્યું છે. આ શૈલીથી સંપૂર્ણ ગ્રંથની મહત્તાની સાથે જ કોઈ એક કાંડ કે અધ્યાયનું મહત્ત્વ વધારે પણ થઈ શકે છે. ઉદાહરણ સ્વરૂપે રામચરિતમાનસના ધાર્મિક મહત્ત્વને સ્વીકારીને પણ કેટલાક ભક્તગણ એના 'સુંદરકાંડ'ના પાઠને વિશેષ મહત્ત્વ આપે છે. વાલ્મીકિએ બીજી શૈલી અનુસાર ગ્રંથની સમાપ્તિ પર ફળશ્રુતિ અથવા ગ્રંથનું મહાત્મય વર્ણિત કર્યું છે. અર્થાત્ યુદ્ધકાંડના અંતિમ સર્ગના અંતિમ ૧૯ શ્લોકોમાં કવિએ ગ્રંથના મહાત્મયનું વર્ણન કર્યું છે. (જુઓ સર્ગ ૧૨૮ની શ્લોક સંખ્યા ૧૦૭થી લઈને ૧૨૫ સુધી). આ ફળશ્રુતિ વર્ણન એ વાતનું નક્કર પ્રમાણ છે કે, ગ્રંથ સમાપ્ત થઈ ગયો, પરંતુ ઉત્તરકાંડના અંતિમ સર્ગમાં રામકથાનો મહિમા પુનઃ વર્ણિત થયો છે. (જુઓ સર્ગ ૧૧૧ના શ્લોક ૫ થી ૨૧ સુધી).

ઉત્તરકાંડના અંતિમ સર્ગનું શીર્ષક જ 'રામાયણનો ઉપસંહાર અને એનો મહિમા' આપવામાં આવ્યું છે. એ જ પ્રકારે યુદ્ધકાંડના અંતિમ સર્ગનું શીર્ષક ભરતનું શ્રીરામને રાજ્ય પરત સોંપવું, શ્રીરામની નગરયાત્રા, રાજ્યાભિષેક, વાનરોની વિદાય તથા ગ્રંથનો મહાત્મય છે. પાઠકગણ વિચાર કરે કે ગ્રંથનું મહાત્મય બીજીવાર કેમ આપવું પડ્યું? હા, જો વાલ્મીકિજીએ પ્રત્યેક કાંડના અંતમાં ફળશ્રુતિ આપી હોત અને ઉત્તરકાંડમાં આપવામાં આવેલી ફળશ્રુતિ આ કાંડ માટે જ હોત, ત્યારે તો સ્વીકાર્ય હતી, નહીંતર એ કહેવું અતિશયોક્તિ નથી કે, આ પૂરો કાંડ જ કાલ્પનિક છે.

યુદ્ધકાંડના અંતિમ સર્ગના પ્રતિપાદ્ય વિષયનો ઉલ્લેખ કર્યો છે. એમાં વાનરોની વિદાયનું પણ વર્ણન છે. આ સર્ગમાં રામે પોતાના સમસ્ત મિત્રોને

વસ્ત્ર-આભૂષણથી સત્કારિત કરીને વિદાય કરી દીધા છે. આ મિત્રોમાં વિભીષણ, સુગ્રીવ, હનુમાન, જામ્બવાન, દ્વિવિદ, મેન્દ, નલ વગેરેના નામનો ઉલ્લેખ છે. 'સુગ્રીવે કિષ્કિન્ધાપુરીમાં પ્રવેશ કર્યો અને વિભીષણ પોતાના સાથી શ્રેષ્ઠ નિશાચરોની સાથે લંકાપુરી ચાલ્યા ગયા'નું વર્ણન અલગથી એક-એક શ્લોકમાં કરવામાં આવ્યું છે. વાનરોને ભેટ અને એમની વિદાયનું વર્ણન શ્લોક ૭૫થી શ્લોક ૯૦ સુધી વર્ણિત છે. એક તરફ યુદ્ધકાંડમાં આ સુગ્રીવ અને વિભીષણ પોતાના નગરોમાં પ્રવેશ કરી ચુક્યા છે (જુઓ-યુદ્ધકાંડ સર્ગ ૧૨૮ શ્લોક ૭૯ તેમજ ૯૦) અને બીજી તરફ ઉત્તરકાંડના ક્ષેપકકાર (અનુમાન કે કલ્પના કરનાર) ઉત્તરકાંડના ૪૮મા તેમજ ૪૦મા સર્ગમાં પુનઃ ભેટ અને વિદાયનું વર્ણન કરે છે.

આ કાંડના પ્રથમ ૩૬ સર્ગોની કથાથી રામનો કોઈ સંબંધ નથી. ૩૭થી ૪૦ સુધીના સર્ગની કથામાં ભેટ તેમજ વિદાયનું વર્ણન છે, જે પહેલાં જ થઈ ચુક્યું છે. ૩૪મા સર્ગ સુધી રાવણ તેમજ એના વંશની કથા છે અને ૩૫ તેમજ ૩૬મા સર્ગમાં હનુમાનજીની કથાનું વર્ણન છે. શું એને રામચરિત્રની ઉત્તર કથા કહેવામાં આવે છે. આ કાંડનો ખૂબ જ મોટો ભાગ એવો છે, જેનો રામકથા સાથે કોઈ સંબંધ નથી. જેમ કે રાજા નૃગની કથા, રાજા નિમિ અને વસિષ્ઠનો એક-બીજાના શ્રાપથી દેહ ત્યાગ, તેમજ પુનઃ શરીર ધારણ કરવું, પુરુરવા કે યયાતિની કથા, ઈક્ષ્વાકુ પુત્ર દંડની કથા, ઈલા તેમજ વુધની કથા વગેરે અનેક એવા પ્રસંગ છે, જે વધારાના પ્રતીત થાય છે.

'ઉત્તરકાંડ અનુમાનિત છે' આ તથ્યની તરફ એક નક્કર પ્રમાણ ગીતા પ્રેસ, ગોરખપુરની પ્રતિમાં લિખિત 'પાઠવિધિ'માંથી મળે છે. અહીંયા નવાહ્ન પારાયણના વિશ્રામ બતાવતા બે પ્રકારના વિશ્રામ બતાવ્યા છે. એક - પ્રથમ ૬ કાંડોનું ૯ દિવસમાં પારાયણ અને બીજો - ૭ કાંડોનું ૯ દિવસમાં પારાયણ. એનાથી એ નિષ્કર્ષ નીકળે છે કે, ભક્તગણ પોતાની શ્રદ્ધા અનુસાર ૬ કે ૭ કાંડ માનવા માટે સ્વતંત્ર છે, પરંતુ જેને આપણેનક્કર પ્રમાણ કહી રહ્યા છીએ,તે એ નથી, અપિતુ તે સકામ પાઠના ઋષ્યાદિન્યાસમાં મળે છે. આસ્થાવાન શ્રદ્ધાળુજન ધર્મગ્રંથોનો પાઠ પોતાની ઈચ્છાઓ તેમજ મનોકામનાઓની પૂર્તિની અભિલાષા કે પૂર્ણ થવા પર પણ કરે છે. રામચરિતમાનસનો અખંડ પાઠ, નવાહ્ન-પારાયણ અથવા માસ પારાયણ અનેક લોકો કરે છે. આ વિકલ્પ ત્યારે તો જરૂરી જ નહીં, અનિવાર્ય હતા. એનાથી એ નિષ્કર્ષ કાઢવો અસંગત

નથી કે, સીતા પરિત્યાગની કથા કાલ્પનિક અને પછીથી જોડવામાં આવી છે.

અગ્નિ-પરીક્ષા પછી સીતાની પવિત્રતાની પુષ્ટિ અગ્નિદેવની સન્મુખ શ્રીરામે પણ કરી હતી. શ્રીરામે કહ્યું હતું- ''ભગવન્! લોકોમાં સીતાજીની પવિત્રતાનો વિશ્વાસ અપાવવા માટે એમની આ શુદ્ધિ વિષયક પરીક્ષા જરૂરી હતી.'' રામે કહ્યું હતું - ''સીતા પ્રજ્જવલિત અગ્નિ શિખાની સમાન દુર્ધર્ષ તથા બીજા માટે અલભ્ય છે. જાનકી ત્રણેય લોકોમાં પરમ પવિત્ર છે. જેમ મનસ્વી પુરુષ કીર્તિનો ત્યાગ નથી કરી શકતા, એ જ પ્રકારે હું પણ એમને નથી છોડી શકતો.'' જે રામ સીતાની પવિત્રતાને (જુઓ- ૬/૧૧૮/શ્લોક૧૩ થી ૨૨ સુધી) આ પ્રકારે પ્રમાણિત કરી રહ્યા હોય, તે રામ કોઈ દુર્મુખ કે લોકાપવાદના ભયથી ગર્ભવતી સીતાને નિષ્કાસિત કરી દે, અશક્ય છે. રામ એવું અનુચિત કાર્ય ક્યારેય નથી કરી શકતા. સીતાએ રામ પ્રતિ પોતાના પ્રેમની દૃઢતાનો પરિચય વનવાસની અવધિમાં આપી દીધો હતો. અયોધ્યાના રાજભવનોના સુખોનો ત્યાગ કરીને વનના કષ્ટોનો આગ્રહપૂર્વક સ્વીકાર કર્યો હતો રાવણના ત્યાં રહીને પોતાના મનમાં રામના સ્મરણના કારણે તે જીવિત રહી શકી. અગ્નિ-પરીક્ષામાં સફળ થઈ અને રામે પવિત્રતા પ્રમાણિત કરી દીધી.

રામના સંપૂર્ણ ચરિત્રમાં એવું કોઈ ઉદાહરણ નથી કે, રામે કોઈ નિર્ણય એકવાર લીધા પછી બદલ્યો હોય. રામે તો પોતાના વિષયમાં સ્વયં કહ્યું છે- ''રામોદ્વિર્નાભિભાષતે (રામ બે વાત નથી કહેતા)''. ભરતના અનુનય આગ્રહ અને વસિષ્ઠજીના કહેવા પર પણ જો રામ વનમાંથી પાછા નથી ફરતા, તેઓ સીતાના સંબંધમાં પોતાના કથનથી પલટી જશે, એ અશક્ય છે. ત્યારના શાસક મહત્ત્વપૂર્ણ નિર્ણય લેતા સમયે સભાસદો તેમજ મિત્રો-રાજાઓ પાસેથી સલાહ લે છે. રામના રાજ્યાભિષેકના સમયે દશરથે વિભિન્ન રાજાઓ, નગર તેમજ જનપદના લોકોને દરબારમાં આમંત્રિત કર્યા હતા અને સભાસદોના સમર્થન પછી જ નિર્ણય લીધો હતો. સભાસદોની સન્મુખ મહારાજ દશરથે પ્રસ્તાવ કર્યો હતો કે, ''જો મેં યોગ્ય વિચાર્યું છે, તો તમે મને અનુમતિ આપો, નહીંતર એ જણાવો કે, હું કયા પ્રકારે કાર્ય કરું.'' (જુઓ ૨/૨ શ્લોક ૨૬-૨૭ તેમજ ૩૬ થી ૩૮). વિભીષણની સલાહ પર જ તેઓ સમુદ્રની ત્રણ દિવસ સુધી પ્રાર્થના કરે છે. સાગરની સલાહ પર જ પુલનું નિર્માણ કરે છે. યુદ્ધના સમયે પણ બધા સાથીઓ સાથે વિચાર-વિમર્શ કરતાં રહે છે. પછી સીતા-

પરિત્યાગમાં સલાહ ન લેવી કેવી રીતે શક્ય થયું! વસ્તુતઃ સીતા-પરિત્યાગની કલ્પના કરનારાઓએ રામના ચરિત્ર પર ધ્યાન જ ના આપ્યું કેમ કે એમનો ઉદ્દેશ્ય તો રામના ચરિત્રનું હનન કરવાનો જ હતો.

સીતા-પરિત્યાગના સમયે રામ પોતાના ભાઈઓને બોલાવીને પોતાના નિર્ણયથી અવગત કરાવે છે અને એમને આગ્રહ કરે છે કે, તેઓ મારા નિર્ણયનો વિરોધન કરે. (જુઓ ઉત્તરકાંડ સર્ગ ૪૫), પરંતુ એ સમયે ગુરુ વસિષ્ઠ તેમજ માતાઓનો કોઈ ઉલ્લેખ નથી. તેઓ એ સમયે ક્યાં છે? એવું પણ ક્યાંય વર્ણન નથી. હા, સીતા લક્ષ્મણને એ કહે છે - ''મારી બધી સાસુઓને સમાન રૂપથી હાથ જોડીને મારી તરફથી એમના ચરણોમાં પ્રણામ કરજો.'' (જુઓ સર્ગ ૪૭, શ્લોક ૧૦). ઉત્તરકાંડની આ ભૂલનો પરવર્તી ક્ષેપકકારોએ સુધાર કરીને અન્ય એક કથા કલ્પિત કરી લીધી કે, સીતા-પરિત્યાગના સમયે માતાઓ તથા ગુરુ વસિષ્ઠ ઋષ્ય શૃંગના એ યજ્ઞમાં ગયા હતા, જે બાર વર્ષ સુધી ચાલવાનો હતો. (જુઓ ભવભૂતિનું ઉત્તર રામચરિત).

સામાન્ય જન પણ આસન્ન-પ્રસવા, પતિવ્રતા અને પોતાના મનોનુકૂળ પત્નીને ઘરમાંથી નથી કાઢી શકતો, પછી મર્યાદા પુરુષોત્તમ રામથી એવા પાપ કર્મની કલ્પના કરવી પણ મહાપાતક છે. ઉત્તરકાંડની કથા વિસંગતિઓનો ભંડાર છે. એક-બે ઉદાહરણ દ્રષ્ટવ્ય છે. યુદ્ધકાંડમાં રામ-રાજ્યનું વિસ્તારથી વર્ણન છે, જેમાં રામે ભાઈઓ સહિત ૧૧ હજાર વર્ષો સુધી રાજ્ય કર્યું એવું વર્ણન છે. (સમયાવધિમાં મતભેદ હોઈ શકે છે). આ વર્ણન ૧૨૮મા સર્ગના શ્લોક ૯૪થી ૧૦૬ સુધી થયું છે, પરંતુ ક્ષેપકકાર ઉત્તરકાંડમાં રામના એક માસ (મહિના)ના શાસનનું વર્ણન કરે છે. (જુઓ સર્ગ ૪૧ શ્લોક ૧૬થી ૨૨ સુધી). જ્યારે રામના સંપૂર્ણ શાસનકાળનું વર્ણન થઈ ચુક્યું છે, ત્યારે એક માસના સમયનો શું અર્થ છે!

એવી જ એક અન્ય વિસંગતિ ધ્યાન આપવા યોગ્ય છે. ઉત્તરકાંડની કથા અનુસાર જે દિવસે સીતાએ બે પુત્રોને જન્મ આપ્યો હતો, એ દિવસે શત્રુઘ્ન પણ ત્યાં જ વાલ્મીકિ આશ્રમમાં જ હતા. આ સમાચારને સાંભળીને શત્રુઘ્ન સીતાજીની પર્ણશાળામાં ગયા હતા અને અર્ધરાત્રિમાં સાંભળેલા સમાચાર પછી બાકીની રાત્રિ પ્રસન્નતાના કારણે વાતચીતમાં જ વિતાવી હતી. (જુઓ સર્ગ ૬૬, શ્લોક ૧૨-૧૩). બાર વર્ષ પછી શત્રુઘ્ન પુનઃ વાલ્મીકિ આશ્રમમાં એક રાત્રિ વ્યતીત કરે છે. અહીંયા તેઓ રામાયણની છન્દોબદ્ધ કથાને પણ સાંભળે

છે, પરંતુ આશ્ચર્ય એ વાતનું છે કે, તેઓ ના તો સીતાથી મળે છે અને ના સીતા તથઆ એના પુત્રોના કુશળ-ક્ષેમ પૂછે છે. આગલા દિવસે તેઓ અયોધ્યા ચાલી જાય છે. અયોધ્યામાં શત્રુઘ્ન સાત દિવસ રોકાય છે, પરંતુ રામને એ જણાવવું પણ ઉચિત નથી સમજતા કે, તમે બે પુત્રોના પિતા છો અને હવે તે બાર વર્ષના કિશોર છે. એવું પ્રતીત થઆય છે કે, ઉત્તરકાંડના ક્ષેપકકાર પણ કોઈ એક વ્યક્તિ નથી, અપિતુ કેટલાક લોકોનો પ્રયાસ રહ્યો હશે.

એક તથ્ય તરફ ધ્યાન આપવું પણ અપેક્ષિત છે કે, વાલ્મીકિ રામાયણમાં આ ઉત્તરકાંડના જોડાઈ ગયા પછી આજ સુધી સમાજે એને માન્યતા નથી આપી. રામકથાનું સૌથી પ્રભાવી સ્વરૂપ રામલીલાઓના માધ્યમથી પ્રકટ થાય છે. ત્યાં રામકથાની સમાપ્તિ રામરાજ્યાભિષેક તેમજ ભરત-મિલાપની સાથે સમાપ્ત થઈ જાય છે. આ દેશના કરોડો લોકો એવો વિશ્વાસ નથી કરી શકતા કે, રામ જેવા આદર્શ રાજા સીતા-પરિત્યાગનો નિર્ણય લઈ શકે છે. એ પણ વિચારણીય તથ્ય છે કે, ભારતીય ગ્રંથ સુખાન્ત જ સમાપ્ત થાય છે, દુખાન્ત નહીં. રામરાજ્યાભિષેક, પત્નીની પુનઃ પ્રાપ્તિ અને અયોધ્યાવાસીઓ તથા પારિવારિકજનો સાથે મિલન પછી ગ્રંથનું સમાપ્ત થવું જ પરંપરાનુકૂળ રહેશે. આ પુરાવાઓના આધાર પર એ કહેવું ઉપયુક્ત થશે કે, ઉત્તરકાંડની કથા પછીથી જોડવામાં આવી છે અને ક્ષેપકકારોએ એને જોડતા સમયે ઉત્પન્ન થયેલી વિસંગતિઓ પર ધ્યાન નથી આપ્યું. એમનો ઉદ્દેશ્ય એક મહનીય આદર્શ ચરિત્ર પર કલંક લગાવીને વૈદિક ધર્મના આધાર સ્તંભને જ કમજોર કરવાનો હતો.

ઉત્તરકાંડનું પ્રયોજન :-

વિચારણીય એ છે કે, આ કાંડને કેમ જોડવામાં આવ્યો અને ક્યારે જોડવામાં આવ્યો? અનુમાન કરનાર કે ક્ષેપકકારનો આશય એ છે કે, પોતાની રચનાને કોઈ અન્યના નામથી પ્રસ્તુત કરીને એને કોઈ કવિના પ્રસિદ્ધ ગ્રંથમાં જોડવો. આજના પરિવેશમાં વાત થોડી અટપટી લાગી શકે છે કેમ કે આજકાલ તો બીજાઓની રચનાઓને પોતાના નામથી છપાવવા કે વાંચીને સંભળાવવાની પરંપરા છે. આ સાહિત્યિક ચોરી છેલ્લા ત્રણસો-ચારસો વર્ષથી જ પ્રારંભ થઈ છે. હિન્દી સાહિત્યના ભક્તિકાળ સુધી અર્થાત્ ૧૦૦૦ વિ.સંવત્ સુધી એવું કોઈ ઉદાહરણ નથી મળતું. તથી જ્યારે તે પોતાના વિશે જ કશું લખતા ન હતા, ત્યારેચોરી કેમ કરતા! આ સાહિત્યિક ચોરી તો રાજ્યાશ્રિત કવિઓના કાળમાં પ્રારંભ થઈ. પહેલાના કવિઓમાં તો પોતાની રચનાને કોઈ બીજા

પ્રસિદ્ધ કવિના ગ્રંથમાં જોડવાની પરંપરા રહી છે. આ જ કારણે ઉત્તરકાંડના રચયિતાઓએ પોતાની રચના પોતાના નામથી ન આપીને આદિકવિના મહાકાવ્યમાં જોડી દીધી. હિન્દી સાહિત્યના આદિકાળમાં લિખિત રાસૌ ગ્રંથોમાં એક કવિના નામથી જ અનેક કવિઓની રચનાઓ જોડાતી ચાલી ગઈ છે. એવો જ એક દુષ્ટ પ્રયાસ ગોસ્વામી તુલસીદાસના રામચરિતમાનસની સાથે થયો હતો. કેટલાક ક્ષેપકકારોએ ૮મો કાંડ 'લવ કુશ કાંડ' નામથી જોડી દીધો હતો. માનસના અન્તઃ સાક્ષ્યને આધાર બનાવીને એ સિદ્ધ થયું કે, ૮મો કાંડ ક્ષેપક (કલ્પના) છે. વર્તમાન નકલોમાં એ કાંડ સ્થાન નથી પ્રાપ્ત કરી શક્યો. એવું જ વાલ્મિકી રામાયણની સાથે થવું જોઈએ કે, ગ્રંથની સમાપ્તિ યુદ્ધકાંડ પર છે.

ક્ષેપકકારોમાંથી કેટલાકના મનમાં આ કાંડનું પ્રયોજન ધાર્મિક વિદ્વેષ હતો. રામકથાના ઉત્તરકાંડમાં રામ સાથે સંબંધિત મુખ્ય બે ઘટનાઓ છે - પ્રથમ, સીતા-પરિત્યાગ અને બીજી, શમ્બૂક વધ. રામના સંપૂર્ણ ચરિત્રમાં ક્યાંય કોઈ આપત્તિ કોઈને નથી. વસ્તુતઃ આ બંને ઘટનાઓ ષડ્યંત્રના પરિણામ સ્વરૂપે જોડવામાં આવી છે. રામાયણનો રચનાકાળ બૌદ્ધ ધર્મના ઉદ્ભવથી ઘણા દિવસ પહેલાંનો છે. ધાર્મિક દષ્ટિકોણવાળા વ્યક્તિઓ માટે તો આ ત્રેતાયુગની ઘટના છે અને પાશ્ચાત્ય શિક્ષણથી પ્રભાવિત ઈતિહાસકાર પણ આને જૈન, બૌદ્ધ ધર્મથી હજારો વર્ષ જૂની કથા માને છે.

મહાભારત કાળને પણ પાશ્ચાત્ય વિચારક ઓછામાં ઓછા બે હજાર ઈ.પૂ. ની ઘટના માને છે. પાર્જિટરનું કથન છે કે, મહાભારત યુદ્ધ ૧૯૫૦ ઈ.પૂ. ની લગભગ થયું. (જુઓ પ્રાચીન ભારતનો ઈતિહાસ- બી.ડી. મહાજન). આ કાળ સુધી રામાયણમાં ઉત્તરકાંડ જોડાઈ શક્યું ન હતું કેમ કે મહાભારતના રામોપાખ્યાનમાં આ કથા નથી મળતી. બૌદ્ધ તેમજ જૈન ધર્મના લેખકો તેમજ કવિઓએ વૈદિક ધર્મ સાથે પોતાના ધર્મને શ્રેષ્ઠ સિદ્ધ કરવા માટે વૈદિક ધર્મના આદર્શ પુરુષ રામના ચરિત્રમાં હેરફેર કરીને અનેક કથાઓ રચી લીધી. આ સંદર્ભમાં સર્વપ્રથમ પ્રયાસ ગુણાઢ્યની વૃહત કથામાં ઈસાથી લગભગ બીજી સદી પૂર્વમાં થયો. એનો પ્રભાાવ જ સોમદેવના 'કથા સરિત સાગર' પર છે.

એના પછી તો જાત-જાતની અનેક કથાઓ રચી લેવામાં આવી. 'દશરથ-જાતક'એ તો રામ અને સીતાને ભાઈ-બહેન બનાવી દીધા. ત્યાં તો રામ બાર વર્ષ વનમાં વીતાવ્યા પછી પોતાની બહેન સીતા સાથે લગ્ન કરે છે. જૈન

ગ્રંથ 'પઉમચરિત'ના રામ, લક્ષ્મણ અને રાવણ ત્રણેય જ જૈન ધર્મ સ્વીકાર કરી લે છે. અહીંયા રામની ૮ હજાર તેમજ લક્ષ્મણની ૧૬ હજાર પત્નીઓ બતાવાઈ છે. વિભિન્ન કવિઓએ પોતપોતાના ઢંગથી કલ્પના કરી લીધી. ક્યાંક લોકોપવાદને કારણ બતાવ્યું, ક્યાંક દુર્મુખની કલ્પના કરવામાં આવી, કોઈએ એ ષડ્યંત્ર કૈકેયીનું બતાવ્યું અને કોઈએ એની પુત્રીનું. કોઈએ સીતાની સૌતો (સૌતન-સપત્ની)નું ષડ્યંત્ર કહ્યું. ક્યાંક સીતા રાવણના ચરણોનું ચિત્ર બનાવે છે અને ક્યાંક પગના અંગૂઠાનું. ક્યાંક સીતા રાવણનું ચિત્ર પંખા પર બનાવીને એને પોતાના વક્ષ પર રાખીને સુઈ રહેલી વર્ણિત કરવામાં આવી છે. આ વિવિધ કલ્પનાઓથી જ અનુમાન લગાવી શકાય છે કે, આ સત્યથી કેટલું દૂર છે.

આ પ્રકારના દુષ્પ્રચારનું પરિણામ એ થયું કે, એ કવિ પણ પ્રભાવિત થઈ ઊઠ્યા, જે રામને અવતાર કે મર્યાદા પુરુષોત્તમના રૂપમાં સ્વીકાર કરે છે. કાલિદાસ તેમજ ભવભૂતિ જેવા કવિઓએ પણ આ કથાને સ્વીકાર કરી લીધી. ગોસ્વામી તુલસીદાસ પ્રસિદ્ધ રામભક્ત છે. એમનો રામચરિતમાનસ વિશ્વવિખ્યાત ગ્રંથ છે. આ ગ્રંથમાં તો એમણે સીતા-પરિત્યાગની ઘટનાને નથી લીધી કિન્તુ એક નૂતન કલ્પના કરીને ગીતાવલીમાં એને સ્થાન આપી દીધું અને જાનકીને વાલ્મીકિ આશ્રમમાં મોકલી દીધી. તુલસીની મૌલિક કલ્પના આ પ્રકારે છે :-

સંકટ-સુકૃત કો સોચત જાનિ જિય રઘુરાઉ ।
સહસ દ્વાદસ પંચ સત મેં કછુક હૈ અબ આઉ ॥
ભોગ પનિ પિતુ-આયુ કો, સોઉ કિએ બનૈ બનાઉ ।
પરિહરે બિનુ જાનકી નહિં ઔર અનઘ ઉપાઉ ॥

રામની પોતાની ૧૨ હજાર ૫ વર્ષની આયુ પૂર્ણ થઈ રહી છે. રાજા દશરથનું મૃત્યુ અસમયે થઈ ગયું હતું. તેથી રામ હવે પિતાની શેષ આયુનો ભોગ કરશે ત્યારે એ સમયે સીતાની સાથે પતિ ધર્મનો નિર્વાહ પાપ થશે. આ કારણે સીતાના ચરિત્રથી પરમ સંતુષ્ટ રામ સીતા-પરિત્યાગનું વિચારી રહ્યા હતા કે, ગુપ્તચરોથી લોકમત જાણીને સીતાજીથી એમની અભીષ્ટ રુચિ પૂછે છે. સીતા સ્વયં વન જવા માટે તૈયાર છે. ત્યારે રામ લક્ષ્મણને કહે છે:-

તાત તુરતહિ સાજિ સ્યંદન સીય લેહુ ચઢાઇ।
વાલ્મીકિ મુનીસ આશ્રમ આઈયસુ પહુંચાઈ ॥

આ પ્રકારની વિભિન્ન કલ્પનાઓથી એ તથ્ય પ્રમાણિત થઈ જાય છે કે, જો સીતા-પરિત્યાગ ખરેખર થયો હોત, તો એના કારણની અનેક કલ્પનાઓ ન કરવામાં આવતી. બધા કવિ સીતા-પરિત્યાગનું એક જ કારણ બતાવતા.

ધાર્મિક વૈમનસ્યના કારણે રામના ચરિત્રમાં જેવું પરિવર્તન કરવામાં આવ્યું, તેવું પરિવર્તન અન્યત્ર પણ જોઈ શકાય છે. ઉદાહરણ માટે અસુર શબ્દ ક્યારેક દેવતા વાચક રહ્યો છે. ઈરાનીઓના દેવતાનું નામ અહુરમજદા છે. આપણો 'સ' ત્યાં 'હ' થઈ જ જાય છે. ઈરાનીઓથી સંબંધ જ્યારે સારા ના રહ્યા, ત્યારે આપણે અસુરને રાક્ષસનો પર્યાયવાચી બનાવી લીધો. આ પ્રકારે 'દેવનાંપ્રિય' શબ્દના અર્થના સંબંધમાં અર્થ પરિવર્તન થયું. જ્યારે બૌદ્ધ ધર્મના પોષક અશોકે પોતાના વિરુદ્ધ 'દેવનાંપ્રિય' ધારણ કર્યું, તો વૈદિક ધર્મને માનનારાઓએ આ શબ્દનો અર્થ 'મૂર્ખ' કરી દીધો.

એ પણ શંકા થઈ શકે છે કે, કાલ્પનિક કથા આટલી વિશ્વસનીય કેવી રીતે હોઈ શકે છે? એક બે ઉદાહરણથી આ શંકાનું નિવારણ થઈ જશે. મહાભારતના 'શાકુન્તલોપાખ્યાન'નું દુષ્ચરિત્ર દુષ્યંત કાલિદાસના 'આભિજ્ઞાનશાકુન્તલમ્' નાટકમાં ધીરલલિત કોટિનો નાયક બની જાય છે. દુર્વાસા શ્રાપની એક કાલ્પનિક ઘટનાએ આખો ઈતિહાસ જ બદલી નાખ્યો. એ જ પ્રકારે ઐતિહાસિક સત્ય એ છે કે, પૃથ્વીરાજ ચૌહાણથી મુહમ્મદ ઘોરીનો પરાજય એક વાર થયો હતો અને બીજીવારની લડાઈમાં પૃથ્વીરાજનો પરાજય તેમજ મૃત્યુ થઈ ગયું હતું, પરંતુ ચારણીય કલ્પનાના કારણે આજે ભારતના મોટાભાગના લોકો ઘોરીના ૧૭ વખત પરાજયનું વર્ણન કરે છે અને એક છંદને આધાર માનીને ઘોરીનો વધ પૃથ્વીરાજ દ્વારા શબ્દ-ભેદી બાણથી માને છે. છંદ આ પ્રકારે છેઃ-

ચાર બૉસ ચાલીસ ગજ, અંગુલ અષ્ટ પ્રમાન।
તા ઉપર સુલતાન હૈ, મત ચૂકૈ ચૌહાન ॥

જ્યારે કે વાસ્તવિકતા એ છે કે, ૧૧૯૨ ઈ.ના તરાઇનના યુદ્ધમાં પૃથ્વીરાજનું મૃત્યુ થઈ ગયું અને મુહમ્મદ ઘોરીએ ૧૧૯૪ ઈ.માં કન્નૌજ પર આક્રમણ કરીને ત્યાંના રાજા જયચન્દ્રને પરાજિત કર્યો. ઘોરી સ્વયં ૧૨૦૬ ઈ.માં સુલ્તાનના માણસોના હાથે માર્યો ગયો હતો.

પૃથ્વીરાજવાળી ઘટના તો ફક્ત ૮૦૦ વર્ષ જૂની છે અને કલ્પનાને સત્ય માનવામાં આવી રહી છે. આધુનિક કાળની એક ઘટના જે ૧૮૫૭ ઈ.ની છે, એના વિશે મોટા-મોટા વિદ્વાન કલ્પનાને સત્ય માની બેઠા છે. મંગલ પાંડેનો મેરઠ ક્રાંતિ સાથે સંબંધ જોડવો એવી જ ભૂલ છે. મંગલ પાંડેનો મેરઠ સાથે કોઈ સંબંધ નથી. એનો સંબંધ બંગાળની બૈરકપુર છાવણીથી છે અને લોટામાંથી પાણી પીવડાવવાથી મનાઈ કરનારી ઘટના પણ ત્યાંની જ છે. આ ઘટના માર્ચ ૧૮૫૭ની છે, જ્યારે મેરઠમાં વિદ્રોહ ૧૦ મે, ૧૮૫૭એ થયો. સામાન્ય જન જ નહીં, જેમ-તેમ ભણેલા-ગણેલા સજ્જનએ કહેતા સંભળાય છે કે, ક્રાંતિનો પ્રારંભ મેરઠથી મંગલ પાંડેએ કર્યો હતો. વાસ્તવિકતા ફક્ત એ છે કે, ૧૮૫૭ના સ્વંત્રતા સંગ્રામનો પ્રથમ શહીદ મંગલ પાંડે છે, એમને ફાંસી એપ્રિલ ૧૮૫૭માં જ બૈરકપુર છાવણીમાં લાગી ગઈ હતી.

જ્યારે મધ્યકાળ તેમજ આધુનિક કાળની ઉપયુક્ત કાલ્પનિક કથાઓને સત્ય માની લેવામાં આવી, તો ઈસાથી હજારો વર્ષ પહેલાંની કાલ્પનિક કથા પણ સત્ય બની ગઈ. રામકથા સંબંધી અનેક ઘટનાઓ એવી છે, જેમનો ઉલ્લેખ વાલ્મીકિ રામાયણમાં નથી, પરંતુ ભારતીય જન-માનસ એમની સત્યતામાં ઐતિહાસિક ઘટનાઓની જેમ વિશ્વાસ કરે છે. આજે અહિલ્યાનું પથ્થર બની જવું, લક્ષ્મણ પરશુરામ સંવાદ, શબરીના એંઠા બોર તેમજ એનું ભીલડી હોવું તથા લક્ષ્મણ રેખા વગેરે પ્રસંગ રામકથાના અંગ છે, જ્યારે કે આ પરવર્તી કવિઓની કલ્પના પર આધારિત છે. આજે સામાન્ય લોકો આ કથાઓને કાલ્પનિક માનવા તૈયાર નથી, અપિતુ આ પ્રસંગ રામકથાના મહત્ત્વપૂર્ણ તેમજ પ્રભાવી પ્રસંગના રૂપમાં સ્વીકાર્ય છે. તુલસીની કલ્પનાએ લક્ષ્ણને પરશુરામ સાથે ભીડાવી દીધા, તો કેશવે 'રામચન્દ્રિકા'માં આ કાર્ય ભરતથી કરાવી દીધું.

સીતા-પરિત્યાગની કલ્પના કરનારા લેખક ભારતીય વૈદિક માન્યતાઓથી અવગત ન હતા, નહીંતર તે કથાને ના જોડતા.જો કોઈ નારીનું બળપૂર્વક અપહરણ કરી લેવામાં આવે છે, તો એના માટે તે નારી દોષી નથી. દેવગુરુ બૃહસ્પતિની પત્ની તારાનું ચન્દ્રમાએ અપહરણ કરી લીધું હતું અને ચન્દ્રમાના સંયોગથી બુધ નામનો પુત્ર પણ થઈ ગયો, બ્રહ્માજીના હસ્તક્ષેપ કરવાથી તારા બૃહસ્પતિને મળી ગઈ. ગૌતમની પત્ની અહિલ્યાની સાથે ઈન્દ્રએ સમાગમ કર્યું હતું, તેથી શ્રાપ આપવામાં આવ્યો પરંતુ શ્રાપની અવધિ વીતી ગયા પછી એને

ગૌતમે સસન્માન સ્વીકાર કરી હતી. સત્યવતી તેમજ કુન્તીએ લગ્નથી પહેલાં ક્રમશઃ પરાશર તેમજ સૂર્ય સાથે સંબંધ બનાવીનેવ્યાસ તેમજ કર્ણને જન્મ આપ્યો હતો. સત્યવતીની વિધવા પુત્રવધુઓની સાથે સંબંધ જોડીને વ્યાસે ધૃતરાષ્ટ્ર તેમજ પાંડુને જન્મ આપ્યો હતો. ઉર્વશી તેમજ મેનકાના ક્રમશઃ પુરુરવા તેમજ વિશ્વામિત્ર સાથે સમાગમ પછી સંતાન પેદા કરીને પુનઃ ઇન્દ્રસભામાં સ્થાન પ્રાપ્ત કર્યું હતું.

પાંડુએ પોતાની પત્ની કુન્તી તેમજ માદ્રીને પુત્ર પ્રાપ્તિ માટે દેવો સાથે સમાગમનો આદેશ આપ્યો હતો. દ્રૌપદીએ પાંચ પતિઓને સ્વીકાર કર્યા હતા. આ નારીઓ પર કોઈ કલંક ન લગાવે, આથી તારા, અહિલ્યા, કુન્તી, મંદોદરી તેમજ દ્રૌપદીને પંચ કન્યા માનવામાં આવે છે, જેમનું પ્રતિદિન સ્મરણ પુણ્યદાયક કહેવાય છે. જે સમાજમાં નિયોગને માન્યતા હોય, ત્યાં એક સ્ત્રીને બળપૂર્વક કોઈના દ્વારા ઉઠાવીને લઈ જવા પર અપરાધી નથી માની શકાતો. વસ્તુતઃ જ્યારે નિયોગ પ્રથા સમાપ્ત થઈ, ત્યારે નારીના સતીત્વ પર ભાર આપવા માટે તથા પતિવ્રતાની મહત્તાને પ્રતિપાદિત કરવા માટે રામ દ્વારા સીતાના નિષ્કાસનની કલ્પિત કથા જોડી દેવામાં આવી.

ઉત્તરકાંડની બીજી મહત્ત્વપૂર્ણ ઘટના શમ્બૂક વધ છે. આ ઘટનાને જોડવાનો ઉદ્દેશ્ય સમાજના પછાત વર્ગ કે એ સમયાનુસાર શૂદ્રોને બૌદ્ધ ધર્મની તરફ આકર્ષિત કરવાનો હતો. શમ્બૂકની કથાને રચનારાઓએ રામના પૂર્વવર્તી ચરિત્ર પર ધ્યાન ના આપ્યું. રામ અયોધ્યાપતિ મહારાજ દશરથના મોટા પુત્ર છે અને મિથિલા નરેશ જનકના જમાઈ છે, છતાં પણ એમની મિત્ર મંડળીમાં કોઈ ઋષિ, મુનિ, બ્રાહ્મણ, ક્ષત્રિય કે રાજા નથી. એમણે અયોધ્યા તેમજ મિથિલા સિવાય કોઈ નગરમાં પ્રવેશ નથી કર્યો. નિષાદ, ભીલ, વાનર, રાક્ષસ જ એમની મિત્ર મંડળીમાં છે. ગિદ્ધરાજ જટાયુ એમના માટે પિતાતુલ્ય છે. રામ નિષાદરાજ ગુહને ભુજાઓમાં ભરીને એના કુશળક્ષેમ પૂછે છે. લક્ષ્મણ હનુમાનને કહે છે- ‘હું અને શ્રીરામ બંને જ સુગ્રીવની શરણમાં આવ્યા છીએ.’ રામ સુગ્રીવને ગળે લગાવે છે, વિભીષણને મિત્ર બનાવે છએ. રાજ્યાભિષેક પછી અયોધ્યામાંથી પોતાના સ્થાનો પરત ફરતા સમયે રામ આ બધા મિત્રોનું વસ્ત્રાભૂષણથી સ્વાગત કરે છે. આશય એ છે કે, રામની મિત્ર મંડળીના વ્યક્તિ તો એ જ સમુદાયના છે, જે વર્ગથી શમ્બૂકનો સંબંધ છે.

બીજું, રામનો સમસ્ત સંઘર્ષ આદર્શ સ્થાપના માટે રહ્યો છે. અન્યાયથી પીડિત વ્યક્તિઓની સહાયતા અથવા યુગીન અન્યાયની વિરુદ્ધ સંઘર્ષ જ રામના જીવનનું લક્ષ્ય હતું. રામ તો વંચિતો તેમજ શોષિતો, દીન-દુ:ખીઓ, અપમાનિત તેમજ પ્રતાડિતજનોના વિશ્વાસના પ્રતીક છે. પતિ દ્વારા તિરસ્કૃત તેમજ ઉપેક્ષિત અહિલ્યા, વાલિ દ્વારા પીડિત ભયાક્રાન્ત સુગ્રીવ, અગ્રજ (મોટાભાઈ) દ્વારા નિષ્કાસિત તેમજ અપમાનિત વિભીષણ, સમાજ દ્વારા ઉપેક્ષિત શબરી, સમાજના નિમ્નતમ પગથિયા પર સ્થિત નિષાદ આ બધા રામના પોતાના છે. એવા રામના હાથે શમ્બૂકનો વધ બતાવવો ઉલ્ટી ગંગા વહેવડાવવી જેવું છે. તેથી આ કોરી કવિ કલ્પના કે ગપ્પ છે.

જો શમ્બૂક વધ પર ધ્યાન આપવામાં આવે, તો એની નિરર્થકતા આપમેળે સ્પષ્ટ થઈ જશે. બ્રાહ્મણ-પુત્રના અસમય મૃત્યુ માટે શૂદ્રની તપસ્યાને કારણ માનીને રામે શમ્બૂકની પાસે જઈને એનો પરિચય જાણવાનો ઇચ્છ્યો. શમ્બૂકે બતાવ્યું, મહાયશસ્વી શ્રીરામ! શૂદ્ર યોનિમાં ઉત્પન્ન થયો છું. હું જૂઠું નથી બોલતો. દેવલોકમાં જઈને દેવત્વ મેળવવાનો અભિલાષી છું. જ્યારે તે આ કહી રહ્યો હતો, ત્યારે રામે તલવારથી એનું માથું કાપી લીધું. (જુઓ ઉત્તરકાંડ, સર્ગ ૭૬, શ્લોક ૨ તેમજ ૩) રામે ના તો એને સમજાવ્યો અને ના તો એની સાથે કોઈ વાત કરી. જો એવું કાર્ય કોઈ સામાન્યજન પણ કરે, તો લોકો એને પાગલ કે માથાફરેલો જ કહેશે. પછી સહેજ વિચાર કરો કે, મર્યાદા પુરુષોત્ત, કૌશલ નરેશ, નીતિજ્ઞ રામ શું આવું અવિવેકપૂર્ણ કૃત્ય કરી શકે છે? આ વૈદિક ધર્મને અથવા એ ધર્મના શિખર પુરુષને બદનામ કરવા માટે કવિ-કલ્પના છે.

નિષ્કર્ષ રૂપમાં અમે તો એ સમજીએ છીએ કે, વાલ્મીકિ રામાયણનો ઉત્તરકાંડ પરવર્તી તેમજ નિહિત સ્વાર્થી કવિઓ દ્વારા જોડવામાં આવેલ કલ્પના છે અને સીતા-પરિત્યાગ તેમજ શમ્બૂક-વધ જેવી કથાઓ કવિ-કલ્પના કે ગપ્પથી અધિક કશું નથી.

(આ લેખ લગભગ એક ડઝન પત્ર-પત્રિકાઓમાં પ્રકાશિત થઈ ચુક્યો છે.)

मराठी

वाल्मिकी रामायणाचे उत्तरकांड

वाल्मिकी हे प्राचीन कवी आहेत आणि त्यांचं रामायण लौकीक साहित्याचा सर्वप्रथम ग्रंथ आहे. खरे सांगायचे तर भारतीय साहित्याचा आधारच रामायण आणि व्यासकृत महाभारत हे आहे. या देशाचे साहित्य, समाज, जीवन, आस्था मान्यता तसेच श्रद्धा सर्व या दोन ग्रंथामुळे प्रभावीत आहेत. रामकथा अनेक लाकांसाठी धार्मिक कथा आहे तर उर्वरीत लोकांसाठी ऐतिहासिक कथा. काही लोक तिला प्राचीन कवीची कल्पना म्हणू शकतात पण ही कथा विविध क्षेत्रात काम करणाऱ्या लोकांसाठी एक आदर्श कथा म्हणूनच आहे, हे सगळेच मान्य करतात.

धार्मिक लोकांसाठी रामायण काल हा लाखो वर्षे पुराणा आहे परंतु पाश्चात्य विचारवंत किंवा इतिहासकार यांच्यासारखा चुकीचा विचार करणारांसाठी हा काळ यशूच्या काळापेक्षाही हजारो वर्षे आधीचा आहे. वाल्मिकीच्या शेवटच्या बोलावरून असे स्पष्ट होते की रामायणाची रचना राम काळातच झाली असावी. ग्रंथाच्या प्रारंभीच वाल्मिकी मुनी नारदाला विचारतातः

कोन्वस्मिन् साम्प्रतं लोके गुणवान कश्च वीर्यवान ।
धज्ञश्च कृतज्ञश्च सत्य वाक्यो दृढव्रतः

इथे साम्प्रतंशब्द आणि नतंर नारदजीद्वारा राम रामचरित्र वर्णनात तत्कालीन वर्तमानकालीन क्रिया वरील कथनाला प्रमाणित करण्यासाठी पुरेशा आहेत. वाल्मिकी रामायणात राम जन्मापासून लंका विजय, राम-राज्याभिषेक, मित्र व सहकार्यांना निरोप तसेच ग्रंथाच्या महानतेची कथा युद्धकांडापर्यंत अर्थात प्रथम सहा कांडात वर्णन आहे. उत्तरकांड हा सातवा कांड आहे ज्यात रामाशी संबंधीत सीता-परित्याग तसेच शंबुक वध अशा दोन घटनांचे वर्णन आहे. उत्तरकांड वाल्मिकीने रचलेले नाही, असे म्हणणे विवादास्पद आहे. एकिकडे ते धर्मिक श्रद्धावान विद्वान आहेत, जे धर्मग्रंथात कसलीही घुसखोरी झाल्याचे मान्य करू शकत नाहीत. दुसरीकडे अशी मंडळीही आहे ज्यांनी उच्च शिक्षण घेतले असल्याने खात्री करून घेतल्याशिवाय ते काहीही

स्वीकारत नाहीत. उत्तरकांडाला वाल्मिकीने लिहिले असे गृहीत धरून आणि त्यात वर्णन केल्यानुसार आधारीत साहित्यात अनेक ग्रंथांची निर्मिती झाली आहे. राम राजा झाल्यानंतर त्यांच्या जीवन कार्याविषयी आपल्याला जितकी माहिती उपलब्ध झाली आहे, ती सर्व उत्तरकांडावर आधारीतच आहे. या कांडातील सर्वात चर्चित घटना सीतेचा परित्याग हाच आहे. तात्पर्य ही घटना मध्यवर्ती समजून अनेकांनी ग्रंथ निर्मिती केली आहे.

उत्तरकांडात वाल्मिकीचे शिष्य आणि सीतेचे पुत्र लव-कुश रामाला रामायण ऐकवतात. राम त्या बालकाला विचारतात की या महान काव्याचा रचयिता कोण तपस्वी आहे. उत्तर देताना ते बालक वाल्मिकीचे नाव सांगतानाच असेही सांगतात की या काव्यात चोवीस हजार श्लोक असून शंभर उपाख्यान आहेत. पुढील श्लोकात पाचशे सर्ग तसेच सहा कांड व उत्तरकांडाचेही वर्णन आहे.

संनिबद्ध हि श्लोकानां चतुर्विंशत्सहस्रकम
उपाख्यानशतं चौव भार्गवेण तपस्वीना।
आदिप्रभृति वे राजन पंचसर्गशतानि च।
काणडानी षटकृतानिह सोत्तराणि महात्मना। ७/९४/२६-२७

बालकांडच्या चौथ्या सर्गात देखील, कांड व सर्गाच्या संख्येचे वर्णन आले आहे-

चतुर्विंशत्सहस्रणि श्लोकानामुक्तवानृषिः
तथा सर्ग शतान् पंच षटकाण्डानि तथोत्तरम ।। श्लोक संख्या-१-४-२

दोन्ही ठिकाणी केलेला षट काण्डानि चा उपयोग आणि उत्तरकाण्डासाठी 'सोत्तराणि' व 'तथोरतम्' शब्दांचा उपयोग स्वतःच विचारणीय सामग्री आहे. जर उत्तरकांड सातवा कांड आहे तर कवीने सात कांडचा विषय का नाही काढला. असे तर नाही की पहिल्या सहा कांडाचा उल्लेख संख्यावाचक शब्दाने झाला आहे आणि सातव्या कांडाचा उल्लेख नामवाचक संख्याने झाला आहे. कवीला सातव्या संख्येचं वावडं तर नव्हतं. सात ही संख्या सहाच्या तुलनेत शुभ समजली जाते.

उत्तरकांड व बालकांड मध्ये वर्णन केल्यानुसार सत्याची पडताळणी घेताना असे समजते की वर्णन केलेल्या संख्येचा वास्तवाशी ताळमेळ बसत नाही. रामायणात वेगळेपण असणे स्वभावीक आहे. परंतु धर्मिक ग्रंथाच्या खरेपणासाठी गोरखपुरच्या गीता प्रेसच्या पुस्तकाचा पुरावा म्हणून पहाणे चुकीचे ठरणार नाही. कारण त्याची निर्मिती

करणारे सज्जन आणि ही संस्था धार्मिक आधारावर काम करणाऱ्या आहेत. गीता प्रेसच्या आवृत्तीत प्रथम सहा कांडातच पाचशे चौतीस सर्ग आहेत. उत्तरकांडच्या एकशे आकरा सर्गाची भर टाकली तर ही संख्या एकशे पंचेचाळीस होते. आता उत्तरकांडात असणाऱ्या पाचशे सर्गचा अंदाज करता येऊ शकतो. अशाप्रकारे श्लोकांच्या संख्येतही फार मोठी तफावत दिसते आहे. प्रथम सहा सर्गची संख्या वीस हजार दोनशेच्या आसपास पहायला मिळते आणि त्यात उत्तरकांडाची संख्या मिळवल्यावर ती चोवीस हजार आणि काही शेकडो श्लोक कमी पडतात. ही तऱ्हा उपाख्यानाच्या सदर्भात आहे. उघड आहे की उत्तरकांडातील त्या दोन श्लोकांचा आधीच उल्लेख आला आहे, त्यात वर्णन केलेल्या गोष्टी सत्याशी विसंगत आहेत.

कांडाच्या संख्येच्या विषयाच्या संदर्भात आणखी एक ठिकाण संशयास्पद आहे. बालकांडांच्या सर्ग तीन मध्ये वाल्मिकी कथेत निबद्ध विषयाबद्दल संक्षेपात लिहित असताना कोणत्याही कांडांचे नाव सांगत नाहीत. जवळ जवळ छत्तीस श्लोकात पहिल्या सहा सर्गाच्या कथांचा उल्लेख आहे परंतु त्यांचे ना कांडानुसार विभाजन आहे ना कांडांची नावे. (पहा श्लोक १० ते ३८) परंतु या सर्गच्या शेवटच्या श्लोकांत श्तच्चकारोत्तर लिहून राम चरित्राकडे दिशानिर्देश केला आहे जो कवीची शैली वाटत नाही. शेवटच्या एका श्लोकात विदेह नंदिनी सीतेला वनात सोडून देणे इत्यादी वार्ता तसेच श्रीरामाच्या भविष्य चारित्राचा विषय उल्लेख आहे. श्लोक अशाप्रकारचा आहे:

स्वराष्ट्ररंजन चौव वैदेह्याश्च विसर्जनम।
अनागत च यत् किंचिद् रामस्य वसुधतले।
तच्चकारात्तरे काव्य वालिमिकी भगवानृषिः।

श्लाक ३८ चा अर्ध श्लोक ३९

इथे लक्षात घेण्यासारखी एक गोष्ट आहे, जिथे इतर कांडाच्या एका एका छोट्या मोठ्या घटनांचे वर्णन केले आहे, तिथे उत्तर चरित्र किंवा असे म्हणू की उत्तरकांडांची एक घटना सीता परित्यागाचा उल्लेख आहे. यावरून जर असा निष्कर्ष काढल्या गेला की उत्तरकांड लिहिणारानेच सर्गच्या अगदी शेवटच्या टप्यात या तीन ओळी घुसडल्या आहेत तर वावगे होणार नाही. इथे ही गोष्ट देखील लक्षात घ्यायला हवी की श्लोक ३८ ला चारच्या ठिकाणी सहा चरणाचा करण्यात आले आहे, तसे तर सर्गचा शेवट अडोतिसाव्या श्लोकातच झाला असता. श्लोकाचे पहीले चरण अशाप्रकारचे आहे:-

प्रषण वायुपुत्रस्य भरतेन समागमम्
रामाभिषेकाभ्युदयं सर्व सैनविर्सजनम। श्लोक ३८

उतरकांडच्या सदर्भात आणखी एक बाब लक्षात घ्यायला हवी. धार्मिक ग्रंथ वाचणे किंवा ऐकण्यासाठी अनेकदा थोडक्यात काही बाबी दिल्या जातात. ज्याला ग्रथ महात्म्य म्हणतात. याचे दोन प्रकार आहेत. एका पद्धतीनुसार ग्रंथाचा प्रत्येक कांड किंवा प्रकरणाच्या शेवटी ग्रंथाचे महत्त्व वर्णन केलेलं असतं. जसे की गोस्वामी तुलसीदासाने त्यांच्या रामचरित मानसमध्ये केले आहे. या पद्धतीमुळे संपूर्ण ग्रंथाच्या महत्त्वासोबतच एखाद्या कांडाचे किंवा प्रकरणाचे महत्त्व स्पष्ट होते. उदाहरणार्थ रामचरितमानसच्या धार्मिक महत्त्वाला मान्यता देत काही भक्तगण त्यातील सुंदरकांडाला अधिक महत्त्व देतात. वाल्मिकीने दुसऱ्या पद्धतीनुसार ग्रंथाचा शेवट करताना ग्रंथाचे महत्त्व किंवा फलश्रुती दिली आहे. अर्थात युद्धकांडाच्या शेवटच्या सर्गाच्या शेवटच्या एकोणीस श्लोकात कवीने ग्रंथाचे महात्म्य वर्णन केले आहे. (पहा सर्ग १२८ची श्लोक संख्या १०७ते १२५पर्यंत) हे फलश्रुती वर्णन या गोष्टीचा ययाती ची कथा, इला व वधुची कथा आदी अनेक असे प्रसंग आहेत ज्यांची भर घातल्या गेली आहे. पुरावा आहे की ग्रंथ समाप्त झाला, परंतु उत्तरकांडच्या अंतिम सर्गमध्ये रामकथेचा महिमा पुनःवर्णीत झाला आहे. (पहा सर्ग १११चे श्लोकापैकी ५० ते २१ श्लोक)

उत्तरकांडच्या शेवटच्या सर्गचे शीर्षकच रामायणाचा उपसंहार आणि त्याचं महात्म्य दिलं आहे. अशाप्रकारे युद्धकांडाच्या अंतिम सर्गाचे शीर्षक भरतचे श्रीरामाकडे राज्य सोपवणे, श्रीरामाची नगर यात्रा, राज्याभिषेक, वानरांना निरोप तसेच ग्रंथाचे महात्म्य आहे. वाचकांनी विचार करावा की ग्रंथाचे महात्म्य दुसऱ्यांदा द्यावे लागले. वाल्मिकीने प्रत्येक कांडाच्या शेवटी फलश्रुती दिली असती आणि उत्तरकांडांत दिलेली फलश्रुती या कांडासाठी असती तर ती स्वीकार्या होती, नाहीतर असे म्हणणे की हे पूर्ण कांडच घुसडल्या गेले आहे, ठीक नाही.

युद्धकांडांच्या शेवटच्या सर्गच्या प्रतिपाद्य विषयाचा आता उल्लेख केला आहे. त्यात वानरांना दिलेल्या निरोपाचा देखील समावेश आहे. या सर्गमध्ये रामाने आपल्या समस्त मित्रांना वस्त्र-आभूषणे देवून सत्कारीत केले. त्या निमंत्रणात बिभीषण, सुग्रीव, हानुमान, जाम्बुवंत, द्विविद, मैन्द, नल आदींचा उल्लेख आहे. सुग्रीवाने किष्किन्धापुरीमध्ये प्रवेश केला आणि बिभीषण आपल्या श्रेष्ठ निशाचरांसोबत लंकापुरी निघून गेल्याचे वर्णन स्वतंत्रपणे एका एका श्लोकामध्ये केले आहे. वानरांना निरोप दिल्याचे श्लोक पंच्चाहत्तर

ते नव्वदपर्यंत वर्णीत आहे. आणखी एका युद्धकांडात सुग्रीव आणि बिभीषण त्यांच्या नगरात गेल्याचा दाखला आहे. (पहा सर्ग १२८ यलोक ७९ व ९० आणि दुसरीकडे उत्तरकांडच्या क्षेपककारच्या एकोणचाळीस व्या सर्ग मध्ये पुनः भेट आणि निरोपाचे वर्णन आहे.

या कांडातील पहिल्या छत्तीस सर्गच्या कथांसोबत रामाचा काहीही संबंध नाही. सत्तवीस ते चाळीसपर्यंत कथेत भेट आणि निरोपाचे वर्णन आहे जे आधी होऊन गेले आहे. चौतीसाव्या सर्गपर्यंत रावण व त्यांच्या वंशाची कथा आहे. काय याला रामचरित्राची उत्तरकथा समजले जाते. या कांडाचा बऱ्याच मोठ्या भागाचा रामकथेशी काहीही संबंध नाही. जसे की राजा नृगची कथा, राजा निमि आणि वसिष्ठाचे एक दुसऱ्याच्या शापाने देह त्याग व पुनः शरीर धारण करणे, पुरूरवा किंवा ययातीची कथा, इक्ष्वाकु पुत्राची कथा, इला व वधुची कथा आदी असे अनेक असे प्रसंग आहेत, जे नंतर घुसडल्याचा पुरावा आहेत.

'उत्तरकांड प्रक्षिप्त आहे' चा थेट पुरावा गीता प्रेसच्या गोरखपुर च्या लिखित 'पाठविधी' पुस्तकात सापडतो. इथे नवव्या पारायणाचा शेवट करताना दोन प्रकारचे शेवट सांगितले आहेत. एक प्रथम सहा कांडंचा नऊ दिवसात पारायण आणि दुसरा सात कांडचा नऊ दिवसात पारायण. यावरून हा निष्कर्ष निघतो की भक्तगण आपल्या श्रद्धेनुसार सहा किंवा सात कांड समजायला स्वतंत्र आहेत. परंतु ज्याला आपण ठोस पुरावा म्हणत आहोत, तो हा नाही, परंतु हे सकाम पाठाच्या ऋष्यादिन्यास मध्ये मिळतात. आस्थावान श्रद्धाळूजन धर्मग्रंथाचा पाठ आपल्या इच्छ व मनोकामनांच्या पूर्तीच्या अभिलाषा किंवा पूर्ण झाल्यावर देखील करतात. रामचरितमानसचा अखंड पाठ, नवाह्न पारायण अथवा मास पारायण अनेकजण ज्यावेळी ती गर्भधारणेनं जड झाली होती. हे पर्याय आता आवश्यकच नाही तर अनिवार्य होते. यावरून असा निष्कर्ष काढणे असंगत नाही की सीता परित्यागाची कथा काल्पनीक आणि नतंर घुसडण्यात आली आहे.

अग्निपरिक्षेनंतर सीतेच्या पवित्रतेची पुष्टी अग्नीदेवा समक्ष श्रीरामाने देखील केली होती. रामाने म्हटले होते, भगवन ! सतीजी पवित्र आहेत असं लोकांना वाटावं म्हणून अशाप्रकारची परिक्षा आवश्यक होती. रामाने म्हटले होते, सीता अग्निशिखा समान दुर्धर्ष तथा दुसऱ्यासाठी अलभ्य आहे. जानकी तिन्ही लोकात परम पवित्र आहे. जसे की मनस्वी पुरूष प्रसिद्धीचा त्याग नाही करू शकत, तशाप्रकारे मी देखील तिचा त्याग नाही

करू शकत. जे रामजी अशाप्रकारे आपल्या पत्नीची परीक्षा पहातात (पहा ६/११८/श्लोक १३ ते २२ पर्यंत) ते रामजी कोणाच्या सांगण्यावरून किंवा लोक भयास्तव गर्भवती सीतेला रानावनात नाही सोडू शकत. अशक्य आहे ते. राम असे निंदनीय कृती कदापि करू शकणार नाहीत. सीताने रामाबद्दलच्या प्रेमाचा परिचय वनावासात असताना दिलाच हाता. अयोध्येतील अलिशान जीवनाचा त्याग करून वनवासी जीवनाचा स्वीकार आग्रहपूर्वक केला होता. रावणाच्या कैदेत असताना

रामनामाच्या जपानेच सीतेला धीर येत होता. अग्निपरिक्षेत पास झाल्या आणि रामाने पवित्र असल्याचे मान्य केले. रामाच्या संपूर्ण चरित्रात असा एकही प्रसंग सांगता येणार नाही की रामाने एखादा निर्णय घेतला आहे आणि नतंर तो बदलला आहे. रामाने तर स्वतःबद्दल सांगून ठेवल आहे, 'रामोद्धिर्नभिभाषते' (राम एकदाच बोलतात) भरतच्या विनंतीवरून आणि वसिष्ठाच्या सांगण्यावरून देखील जो राम वनातून परत येत नाही, ते सीतेच्या संदर्भात आपले शब्द माघारी घेतील हे अशक्य आहे. तेथिल शासक महत्त्वाचा निर्णय घेताना सदस्य आणि मित्र नरेशाला सल्ला देतो. रामाच्या राज्याभिषेकाच्या वेळी दशरथाने निरनिराळ्या राजांना, नगर तसेच गावातील लोकांना दरबारात बोलावून त्यांच्या समर्थनानंतर निर्णय घेतला होता. सभासदासमोर राजा दशरथाने प्रस्ताव ठेवला होता की मी जर योग्य निर्णय घेतला असेल तर तुम्ही मला परवानगी द्या. नसेल तर मला मार्गदर्शन करावे की मी काय करावे. (पहा २/२श्लोक १ ते १६ पर्यंत)

रामाने सर्व कार्यात आपल्या सर्व सहकार्यांचा सल्ला घेतला आहे. सुग्रीवचा दूत होऊन आलेल्या हानुमानासोबत चर्चा करण्यासाठी प्रथम लक्ष्मण यांची नियुक्ती केली जाते. लक्ष्मणच सुग्रीवच्या मैत्रीच्या निमंत्रणाचा स्वीकार करतो. (पहा ४/श्लोक २६-२७ व ३६ ते ३८) बिभीषणाच्या सल्ल्यानुसारच ते समुद्राची तीन दिवस पूजा करतात. सागराच्या सल्ल्यानुसारच पुलाची निर्मिती केली जाते. युद्धाच्या वेळीही सहकार्यांचा सल्ला घेत असत. मग सीतेचा त्याग करताना सल्ला घेतला नसेल कशावरून. खरे सांगायचे तर सीतेच्या परित्यागाची कल्पना करणाऱ्या लाकांनी रामाच्या चरित्राकडे लक्षच दिले नाही.

सीतेचा परित्याग करताना आपल्या बंधूना बोलावून आपला निर्णय सांगतात आणि त्यांना आग्रह करतात की माझ्या निर्णयाला विरोध करू नका. (पहा उत्तरकांड सर्ग ४५) परंतु यावेळी गुरू वसिष्ठ तसेच मातांचा उल्लेख नाही आहे. ते अशावेळी कोठे आहेत. याचे पण कोठे वर्णन नाही. एक मात्र खरे की सीता लक्ष्मणला सांगते

की माझ्या वतीने सर्व सासवांना हात जोडून त्यांच्या चरणी प्रणाम सांगा. (पहा सर्ग ४७, श्लोक १०) उत्तरकांडच्या या चुकीच्या पलिकडे घुसखोराने आणखी एक कथा काल्पनीक करून टाकली आहे की सीता परित्यागाच्या वेळी माता तसेच सपत्नीक गुरू वसिष्ठ ऋषी शृंगच्या त्या यज्ञाला गेले होते, जो बारा वर्षे इतका चालला होता. (पहा भवभूतिचे उत्तर रामचरित)

सामान्य माणसे देखील विधवा, बाळंतीन, पतीव्रता आणि मनाला वाटेल त्यावेळी पत्नीला घराबाहेर काढू शकत नसे तर पुरूषोत्तम राम अशा प्रकारच्या पाप-कर्माची कल्पना करणेच महापातक आहे. उत्तरकांडची कथा विसंगतीपूर्ण आहे. एक दोन उदाहरणे देण्यासारखी आहेत. युद्धकांडात रामराज्याचे सविस्तर वर्णन आहे. (कालावधीच्या संदर्भात मतभेद होऊ शकतो) हे वर्णन एकशे अठ्ठावीसव्या सर्गच्या श्लोक १०६ पर्यंत करण्यात आले आहे. परंतु आक्षेपकार उत्तरकांडात रामाच्या एक महिन्याच्या शासनाचे वर्णन करतो(पहा सर्ग ४१ श्लाक १६ ते २२ पर्यंत) रामाच्या संपूर्ण काळाचे वर्णन करण्यात आल्यानंतर एका महिन्याचा काळ म्हणणे याला काही अर्थ उरत नाही.

अशीच एक विसंगती लक्षात घेण्यासारखी आहे. उत्तरकांडच्या कथेनुसार ज्या दिवशी सीताने दोन पुत्रांना जन्म दिला होता, त्या दिवशी शत्रुघ्न देखील तिथेच वाल्मिकी आश्रमात होते. ही वार्ता एकूण शत्रुघ्न सीताजीच्या पर्णशालेत गेले होते आणि मध्यरात्री ऐकलेल्या या समाचारानंतर उर्वरीत रात्र आनंदाच्या भरात तशीच घालवली होती. (पहा सर्ग६६, श्लोक १२-१३) बारा वर्षानंतर शत्रुघ्न वाल्मिकी आश्रमात एक रात्र घालवतात. तिथे ते रामायणाची छंदोबद्ध कथेचे देखील श्रवण करतात, परंतु आश्चर्य या गोष्टीचे वाटते की ते ना सीतेला भेटतात ना तिच्या दोन पुत्रांची विचारपूस करतात. दुसऱ्या दिवशी ते अयोध्येच्या दिशेने निघून जातात. अयोध्येत शत्रुघ्न सात दिवस थांबतात परंतु रामाला असे सांगणे देखील ठीक समजत नाहीत की रामाला दोन पुत्र आहेत आणि आता ते बारा वर्षाचे झाले आहेत. असे वाटते की उत्तरकांडचा आक्षेपकार देखील कोणी व्यक्ती नसून काही लोकांचे सामूहीक प्रयत्न असावेत.

एका वास्तवाकडे लक्ष देणे ही अनपेक्षित आहे की वाल्मिकी रामायणात हे उत्तरकांड जोडल्या गेल्यानतंर देखील आजपर्यंत समाजाने याला मान्यता नाही दिली. रामकथेचं सर्वात प्रभावी स्वरूप रामलीलेच्या माध्यमातून प्रकट होत असतं. तिथे रामकथेचा शेवट रामाचा राज्याभिषेक किंवा राम भरत भेट याने दाखवला जातो. या देशातील करोडे

लोकांना आजही असे वाटते की आदर्श राम सीतेचा त्याग करण्यासारखा निर्णय कसा घेऊ शकतात. हे पण लक्षात घेतले पाहिजे की भारतीय ग्रंथाचा शेवट सुखांत होतो दुखांत नाही. रामराज्याभिषेक, पत्नीला परत मिळवणं तसेच परिवारातील लोकांना भेटणं आणि नतंर ग्रंथाचा शेवट करणं परंपरेला धरून होतं. या गोष्टी लक्षात घेता उत्तरकांडची कथा अशीच नतंर जोडलेली आहे आणि घुसखोरी करणाऱ्या लाकांनी या विसंगतीकडे त्यावेळी लक्ष दिले नाही. त्यांचा उद्देश एका महान आदर्श चरित्रावर कलंक लावून वैदिक धर्माचा आधार स्तंभच कमजोर करणे हा होता.

उत्तरकांडचे प्रयोजन

विचार करण्यासारखी ही बाब आहे की अशाप्रकारचे हे कांड का जोडण्यात आले. घुसखोरी करणाऱ्या लोकांचा असा उद्देश होता की त्यांनी लिहिलेलं एका महान कवीच्या नावाने खपवणे. आजच्या संदर्भात हे थोडं वेगळं वाटू शकतं कारण अलिकडच्या काळात तर दुसऱ्याचे साहित्य चोरून स्वतःच्या नावाने छापणे किंवा वाचून दाखवण्याची परंपरा आहे. अशाप्रकारची साहित्यिक चोरी ती चारशे वर्षापूर्वीच सुरू झाली होती. हिंदी साहित्याच्या भक्तीकाळापर्यंत तर असे उदाहरण सापडत नाही. खरे सांगायचे तर भारतीय कवी आत्मप्रशसा किंवा यश यापासून खूप दूर होते. ते स्वतःच्या संदर्भातच लिहित नसतील तर चोरी कशाला करतील ! ही चारी तर कवीना राजाश्रय मिळायला लागल्यानंतर सुरू झाली. पहिले आपली रचना एखाद्या प्रसिद्ध कवीच्या कवितेत घुसडण्याची परंपरा होती. यामुळेच उत्तरकांडच्या लेखकाने आपल्या रचनेत आपले नाव न देता आदिकवीच्या महाकवीच्या महाकाव्यात घुसखोरी केली. हिंदी साहित्यात आदकिलापासून शेकडो ग्रंथात एका कवीच्या नावाने अनेक रचना खपवल्या गेल्या. असाच एक दुष्ट प्रयोग गोस्वामी तुलसीदासाच्या रामचरितमानसच्या संदर्भात झाला होता. काही घुसखोरांनी आठवा कांड 'लव कुश कांड' या नावाने घुसडून दिला होता. मानसच्या शेवटच्या प्रकरणावरून हे लक्षात येते की आठवा कांड नंतर घुसडण्यात आला होता. उपलब्ध पुस्तकात हे कांड सापडत नाही. असेच वाल्मिकी रामायणाच्या संदर्भात असायला हवे की ग्रंथाचा शेवट युद्धकांडावर आधारीत आहे.

घुसखोरापैकी काही लोकांचा उद्देश धार्मिक विद्वेष पसरविणे हा होता. रामकथेच्या उत्तरकांडात रामाच्या संदर्भात दोन मुख्य घटना आहेत-प्रथम सीता परित्याग आणि दुसरी शम्बुक वध. रामाच्या संपूर्ण चरित्रात कोणालाच कुठे समस्या असण्याचं कारण नाही. खरे सांगायचे तर या दोन्ही घटना कारस्थानाचा भाग म्हणून घुसडण्यात आल्या

आहेत. रामायणाचा रचनाकाल बौद्ध धम्म उदयाच्या फार पुर्वीचा आहे. धार्मिक दुष्टीकोण असणाऱ्या लोकांसाठी तर हा काळ त्रेतायुगातील घटना आहे. परंतु पाश्चत्य शिक्षणाने प्रभावीत असलेले इतिहाकार देखील याला जैन, बौद्ध धर्माच्या पुर्वीची कथा समजतात.

महाभारत कालखंडालाच पाश्चात्य विचारवंत कमीत कमी दोन हजार ई. पू. ची घटना मानतात. पर्जिटर यांचे म्हणणे आहे की महाभारत युद्ध १९५० ई. पू. च्या आसपास घडले होते. (पहा-प्राचीन भारताचा इतिहास-बी. डी. महाजन) या कालखंडापर्यंत तर उत्तरकांडाची भर नव्हती पडली. कारण महाभारताच्या रामोपाख्यानात ही कथा कोठेच सापडत नाही. बौद्ध व जैन लेखक-कवींने वैदीक धर्मापेक्षा आपला धर्म श्रेष्ठ आहे हे सिद्ध करण्यासाठी राम चरित्रात अनेक फेरफार करून अनेक कथा घुसडून दिल्या. या संदर्भातला प्रयत्न गुणाढ्याची बृहत कथेत येशुच्या नतंरच्या शतकापुर्वी घडली. त्याचा प्रभाव सोमदेवच्या 'कथा सरित सागर' आहे.

त्यानंतर तर अनेक प्रकारच्या कथा घुसडण्यात आल्या. दशरथ जातकने तर राम सीतेला बहिण भाऊ म्हणून उभे केले. रामाने बारा वर्षे वनवासात घालविल्यानंतर बहीण सीतेसोबत विवाह करतात असे त्या कथेत सांगितले आहे. जैनग्रंथ 'पउमचरित' चे राम, लक्ष्मण आणि रावण तिघेही जैन धर्माचा स्वीकार करतात. या कथेत रामाच्या आठ हजार आणि लक्ष्मणाच्या सोळा हजार बायका सांगितलेल्या आहेत. निरनिराळ्या कवीने आपल्या आपल्या पद्धतीने कल्पना केली आहे. कुठे लाकोपवादाचे कारण सांगितले, कुठे दुर्मूखतेची कल्पना केली, कोणी सांगितले हे कैकईचे षडयंत्र आहे तर कोणी तिच्या पुत्रीचे. कोणी सीतेच्या सवतीचे कारस्थान म्हटले. कुठे सीता रावणाच्या चरणी असल्याचे चित्र रंगवते तर कुठे पायाच्या अंगठ्याचे. कुठे सीता रावणाचे चित्र पंख्यावर काढते आणि ते आपल्या वक्षस्थळावर ठेवून निद्रा घेते असे वर्णन आहे. अशाप्रकारच्या वर्णनावरूनच असे दिसते की यात काही तथ्य नाही आहे.

अशाप्रकारच्या बदनामीचा असा परिणाम झाला की कवी देखील प्रभावीत झाले, जे रामाला आवतार किंवा मर्यादा पुरूषोत्तम म्हणून स्वीकारतात. कालिदास आणि भवभूतीसारख्या कवीने देखील याचा स्वीकार केला आहे. गोस्वामी तुलसीदास प्रसिद्ध रामभक्त आहेत. त्यांचा रामचरितमानस हा जगप्रसिद्ध ग्रंथ आहे. या ग्रंथात त्यांनी सीता परित्यागाची घटना घेतलेली नाही परंतु नवीन कल्पना करून गीतावलीत तिला जागा दिली आहे आणि जानकीला वाल्मिकी आश्रमात पाठवले. तुलसी यांची मूळ कल्पना

अशी आहे-

संकट-सुकृत को सोचत जानि रघुराउ।
सहस द्वादस पंच सत में कछुक है अब आउ।।
भोग पनि पितु-आयु को, सोऊ किए बनै बनाउ।
परिहरे बिनु जानकी पहिं और अनघ उपाउ।।

रामाचे आपले बारा वर्षाचे आयुष्य पूर्ण होत आले आहे. राजा दशरथांचा मृत्यू अवेळी झाला होता. म्हणून रामाने आता पित्याच्या उर्वरीत आयुष्याचा भोग घेतला तर अशावेळी सीतेसोबत पतीधर्माचे पालन करणे पाप ठरेल. यामुळे सीतेच्या चरित्रावर परम संतुष्ठ असणारे राम, सीता परित्यागाचा विचार करीत असतानाच गुप्तहेरांकडून माहिती मिळवून सीताजीला त्यांची अंतिम ईछा विचारतात. सीता स्वतः वनात जायला तयार आहे. तेव्हा राम लक्ष्मण म्हणतात-

तात तुरतहि साजि स्यंदन सीय लेहू चढाइ।
वाल्मिकी मुनीस आरम आइयसु पहँचाइ।।

या प्रकारच्या वेगवेगळ्या कल्पनावरू असे स्पष्ट होते की जर खरोखरच सीतेचा परित्याग केला असता तर त्या संदर्भातील अनेक कल्पना केल्या नसत्या. सर्व कवीने सीता परित्यागाचे एकच कारण सांगितले असते.

धार्मिक विद्वेषापोटी रामचरित्रात जो बदल करण्यात आला आहे तशाप्रकारचा बदल इतर बाबतीत झालेला पाहायला मिळू शकतो. उदाहरण असूर शब्दाचा उपयोग कधी देवतासाठी वापरलेला दिसतो. इराणी लोकांच्या देवताचे नाव अहुरमजदा असे आढळते. आपल्याकडील 'स' तिकडे 'ह' म्हणून उपयोगात आणल्या जातो. इराणी लाकांसोबत वाईट संबंध असण्याच्या काळात असूर शब्दाला राक्षस असा अर्थ दिल्या गेला. अशाप्रकारे 'देवनामप्रिय' शब्दाच्या अर्थाच्या संदर्भात अर्थ परिवर्तन झाले. ज्यावेळी बौद्ध धर्माचे समर्थक अशोक सम्राटाने स्वतःसाठी 'देवनामप्रिय' असे नाव धारण केल्यावर वैदिक धर्म समर्थकाने या शब्दाला 'मूर्ख' असा अर्थ प्राप्त करून दिला.

अशी पण शंका येऊ लागते की काल्पनीक कथा इतकी विश्वसनीय कशी काय होऊ शकते. एक दोन उदाहरणं देवून ही शंका दूर केल्या जावू शकते. महाभारताचे 'शाकुन्तलोपाख्यान' चा खलनायक दुष्यन्त कालिदासाच्या 'आभिज्ञानशाकुन्तलम्' नाटकात धीरललित कोटीचा हिरो बनतो. दुर्वाच्या एका शापाच्या एका काल्पनीक घटनेने तर सारा इतिहास बदलून टाकला. अशाप्रकारचे ऐतिहासिक सत्य आहे की

पृथ्वीराज चौहान सोबत मुहम्मद घौरीचा एकदा पराभव झाला होता आणि दुसऱ्या लढाईत पृथ्वीराजचा पराभव आणि मृत्यू झाला होता परंतु विद्वेषामुळे असे लिहून ठेवले आहे की घौरीचा पराभव सतरा वेळा करण्यात आला होता. एका छांदाच्या आधारे घोरीचा वध पृथ्वीराजने केला असे सांगण्यात येते. त्या छंदात बाण लागून घौरी मेला असे सांगण्यात येते. छंद अशाप्रकारचा आहे-

चार बॉस चालीस गज, अँगुल अष्ट प्रमाण।

ता ऊपर सुलतान है, मत चूकै चौहान।।

वास्तव तर असे आहे की ११९२ ई. मध्ये तराईन युद्धात पृथ्वीराजचा मृत्यू झाला आणि मुहम्मद घौरीने ११९४ ई. मध्ये कन्नोजवर आक्रमण करून तेथिल राजा जयचंद्रला पराजित केलं. घौरी स्वयं १२०६ ई. मध्ये सुल्तानच्या खोक्खरो निकटवर्तीयाकडून मारल्या गेला होता.

पृथ्वीराजची घटना केवळ आठशे वर्षापुर्वीची आहे आणि कल्पनेला सत्य समजले जावू लागले आहे. आधुनिक काळातील एक घटना जी १८५७ ची आहे तिच्या संदर्भात मोठे मोठे विद्वान कल्पनेला सत्य समजू लागले आहेत. मंगल पांडे यांचा मेरठ क्रांतीशी संबंध जोडणे अशीच एक चूक आहे. मंगल पांडे याचा मेरठशी काही संबंध नाही. त्यांचा संबंध बंगालच्या बैरकपूर छावणीशी आहे आणि लोट्यातून पाणि पिण्यास नकार देण्याची घटना देखील त्या ठिकाणचीच आहे. ही घटना मार्च १८५७ ची आहे आणि मेरठमध्ये विद्रोह १० मे १८५७ मध्ये झाला होता. सामान्य माणसेच नाही तर चांगली शिकलेली माणसं म्हणताना आपण ऐकत असतो की क्रांतीची सुरूवात मेरठपासून आणि मंगल पांडे यानी केली होती. वास्तव तर हे आहे की १८५७ च्या स्वतंत्रता संग्रामाचा पहिला शहीद मंगल पांडे हे आहेत आणि त्यांना फाशी एप्रिल १८५७ ला बैरकपूर छावणीत दिल्या गेली होती.

मध्यकाल आणि आधुनिक काळातील काल्पनीक कथांना सत्य मानल्यास येशूच्या हजारो वर्षाच्या पुर्वीची काल्पनीक कथा देखील सत्य बनली. रामायणाच्या बाबतीत अनेक कथा अशा आहेत, ज्यांचा उल्लेख रामायणात कुठेही नाही. परंतु भारतीय माणूस इतिहासाप्रमाणे या गोष्टीवर विश्वास ठेवतो. रामकथेची विश्वसनियता तर वाल्मिकी रामायण आहे. आज अहिल्याचं दगड बनणे, लक्ष्मण परशुराम संवाद, शबरीची उष्टी बोरं व तिचं भील्ल असणं, तसेच लक्ष्मण रेखा या गोष्टी रामायणाचा अविभाज्य भाग आहेत. असे असले तरी हे कवी कल्पनेवर आधारीत आहे. आज सामान्य माणूस या

गोष्टी काल्पनीक आहेत असं समजायला तयार नाही. उलट हे प्रसंग रामायणातील प्रभावी प्रसंग म्हणून स्वीकारण्याकडे त्यांचा कल आहे. तुलसीच्या कल्पनेने लक्ष्मणला परशुरामासोबत लढायला भाग पाडले. तर केशवने रामचंद्रीमध्ये हे कार्य भरतकडून करून घेतले.

सिता परित्यागाची कल्पना करणारे लेखक भारतीय वैदिक मान्यता पाळणारे किंवा परिचित नव्हते. नसता त्यांनी अशाप्रकारच्या कथा जोडल्या नसत्या. एखाद्या स्त्रीचं बळजबरीने अपहरण करण्यात आले असेल तर त्यासाठी ती जबाबदार नसते. देवगुरू बृहस्पतीची पत्नी तारा हिचे चंद्रमाने अपहरण कले होते. आणि चंद्रमाच्या संयोगाने बुध नावाचा पुत्र जन्माला आला होता. परंतु ब्रह्माजीने हस्तक्षेप केल्यामुळे तारा बृहस्पतीला पुन्हा मिळाली. गौतमची पत्नी अहिल्यासोबत इंद्राने समागम केला होता. शेवटी शाप देण्यात आला होता परंतु शापाचा कालावधी संपल्या नतंर गौतमने तिचा ससम्मान स्वीकार केला होता. सत्यवती व कुंती विवाहापूर्व क्रमशः पराशर व सूर्यासोबत संबंध ठेवून व्यास व कर्ण यांचा जन्म झाला होता. सत्यवतीच्या विधवा पुत्रवधुसोबत संबंध जोडून धृतराष्ट्र व पंडूचा जन्म झाला होता. उर्वशी व मेनकाने क्रमशः पुरूरवा व विश्वमित्रासोबत संबंध जोडून पुत्र प्राप्तीनतंर पुन्हा इंद्रसभेत स्थान मिळवले होते.

पंडूने आपली पत्नी कुंती व माद्रीला पुत्रप्राप्तीसाठी देवासोबत समागम करण्याचा आदेश दिला होता. द्रोपदीने पाच पतीचा स्वाकार केला होता. या स्त्रीयांवर तर कसले कलंक नाही लावल्या गेले. म्हणून तर तारा, अहिल्या, कुंती, मंडोदरी तसेच द्रोपदीला पंचकन्या असे संबेधले जाते आणि प्रतिदिन त्यांचं स्मरण करणं पुण्यदायी समजले जाते. ज्या समाजात नियोगाला मान्यता असेल अशा समाजात स्त्रीला असं बळजबरीने नेल्या जाणार नाही. खरे सांगायचे तर ज्यावेळी नियोग पद्धत बंद झाली, त्यावेळी स्त्रीचं पातिव्रात्य तपासण्यासाठी किंवा त्याला महत्त्व देण्यासाठी रामाचे माध्यम वारून सीतेला परित्याग केल्याचे दाखवणारी कल्पना जोडल्या गेली.

उत्तरकांडची दुसरी महत्त्वपूर्ण घटना शंबुक वध आहे. या घटनेला जोडण्यामागचा उद्देश क्षूद्रांना बौद्ध धम्माकडे आकर्षित करणे हा होता. शंबुकाची कथा जोडणाऱ्यांनी रामाच्या चरित्राकडे लक्ष दिले नाही. राम अयोध्यापती दशरथाचे थोरले पुत्र होते आणि मिथिली नरेश जनकाचे जावई आहेत, तरीपण त्यांच्या मित्र मंडळीत कोणी ऋषी, मुनी, ब्राह्मण, क्षत्रिय किंवा राजा नाही आहे. त्यांनी अयोध्या किंवा मिथिला शिवाय दुसरीकडे कोठे प्रवेश नाही केला. निषाद, भील, वानर, राक्षसही त्यांची मित्र मंडळी आहे. गिद्धराज जटायु त्यांच्यासाठी पितृतुल्य आहेत. राम निषादराजला जवळ घेत

त्याची विचारपुस करतात. लक्ष्मण हानुमाना विचारतात की मी आणि श्रीराम दोघेही सुग्रीवाच्या आश्रयाला आलो आहोत. राम सुग्रीवाला गळ्याला लावतात, बिभीषणला मित्र बनवतात. राज्याभिषेकानंतर अयोध्येवरून आपल्या निवासाकडे जाताना राम या सर्व मित्रांना कपडे-लत्ते देवून त्यांना निरोप देतात. थोडक्यात असे की राम शंबुकाचा वध का करतील कारण ही सर्व मित्रमंडळी शंबुकांच्या पैकीच आहे.

दुसरी गोष्ट अशी रामाचा संपूर्ण संघर्ष आदर्श स्थापन करण्यासाठीच होता. अन्याग्रस्त लोकांना मदत करणे आणि युगानुयुगाच्या अन्याला विरोध करणे हाच रामाच्या जीवनाचा उद्देश होता. राम तर वंचित-शोषितांच्या, दीन दुःखी, अपमानीत व पीडीत लोकांच्या विश्वासाचे प्रतिक आहे. पतीद्वारा तिरस्कृत व उपेक्षित अहिल्या, बळीकडून अत्याचारीत भयाक्रांत सुग्रीव, अग्रजद्वारा बहिष्कृत तसेच अपमानित बिभिषण, समाजद्वारा उपेक्षित शबरी, समाजाच्या मध्यस्थानावर असलेला निषाद हे सगळे रामाचे आपले आहेत. अशा रामाच्या हातून शंबुकाचा वध केल्याचे दाखवणे म्हणजे चोराच्या उलट्या बोंबा आहेत. खरे सांगायचे तरी ही एक कवी कल्पना किंवा थाप आहे. शंबु वधावर लक्ष केंद्रीत केले तर त्यातील पोकळपणा स्पष्ट होईल. ब्राह्मण पुत्राचा अवेळी मृत्यू झाल्यानंतर क्षुद्र तपस्या करीत असल्याने असे घडले असा त्यावर आरोप ठेवल्यावर राम त्याला भेटायला त्याच्याकडे गेले. शंबुकाने सांगितले श्रीरामजी मी क्षुद्र योतून जन्मलो आहे. मी खोटे सांगणार नाही. देवलोकात जाऊन देवत्व प्राप्त करण्याची ईच्छा आहे. ज्यावेळी तो असं सांगत होता त्यावेळी श्रीरामाने त्याचे डोक धडावेगळे केले. (पहा-उत्तरकांड, सर्ग ७६, श्लोक २ व ३) रामाने त्याला काही समजावले नाही ना त्याच्यासोबत कसले बोलणे केले. असे कृत्य जर एखाद्या सामान्य माणसाने केले तर लोक त्याला माथेफिरू किंवा पागल म्हणू शकतील. मग विचार करा मर्यादा पुरूषोत्तम, कौशल नरेश, नीतीज्ञ राम काय अशाप्रकारचे अविवेकी कृत्य करू शकतात. हे वैदीक धर्माला अथवा त्या धर्माच्या युग पुरूषाला बदनाम करण्यासाठी वापरलेली कवी कल्पना आहे.

थोडक्यात सांगायचे झाले तर आम्ही असे समजतो की वाल्मिकी रामायणाचा उत्तरकांड हा भाग म्हणजे निव्वळ स्वार्थी व कारस्थानाचा भाग म्हणून जोडण्यात आलेला आहे. सीता परित्यागासारखी किंवा शंबुक वधासारखी कथा कवी कल्पना किंवा निराधार गोष्टीशिवाय दुसरे काहीही असत नाही.

(हा लेख किमान एक डझन पत्रिकेत यापुर्वी प्रसिद्ध झालेला आहे)

अंग्रेजी

Uttar Kand of Valmiki Ramayana

Valmiki is a poet and his Ramayana is the first literary composition. In fact, Ramayana and Mahabharata composed by Vyas are two epics which are the fundamental sources of Indian literature. These epic compositions influenced Indian literature, society, life, faith, beliefs and credence of Bharata. The story of Rama is a religious story for a very large section and a historical story for small section of the society. It may be a result of imagination of the poet for few but a large section of the society have faith in it and they believe that the story idealises every aspect of human life.

The religious people believe that chronology of Rama is millions of years old. But the confused assumptions of historians influenced by western thoughts accept it as few thousand years old before Christ. The inner evidences of Valmiki seem to show that the creation of Ramayana happened to be completed during life of Rama. In the beginning of Ramayana, Muni Narad asked Valmiki:

कोऽन्वस्मिन् साम्प्रतं लोके गुणवान् कश्च वीर्यवान्।
धर्मज्ञश्च कृतज्ञश्च सत्य वाक्यो दृढ़वतः।।

वाल्मीकि रामायण–1/1/2

The word 'sampratam' here, and liveliness shown by Narad similar to present time in the description of character of Rama establishes the above presumption as true. In the Valmiki-Ramayana, from the birth of Rama to the victory over Lanka, Rama-coronation, farewell of friends and companions, and the story of greatness of the text till Yudh Kand, is described in the first six Kand. Uttar Kand is the seventh part of episode in which two incidents related to Rama's Sita-renunciation and Shambuka killing are described. Uttar Kand is not Valmiki-written, such a view is controversial. On the one hand, he is a religious faith scholar, who cannot accept the possibility of any kind of insertion in the scriptures and on the other hand, there are thinkers who are being educated by modern education system, used to decide the truth untruth only after analysis. Many texts have been produced in the later literature by considering Uttar Kand as composed by Valmiki and the story mentioned in it. Whatever information is available to us regarding the life and work of Rama after becoming king, is based on the Uttar Kand. The most popular incident of Uttar Kand is Sita-renunciation. Therefore, many poets of different languages have written many books about this story.

In Uttar Kand, Valmiki's disciple and Sita's sons Luv-Kush narrate the Ramayana to Rama. Rama asks these children who has composed this poetic scripture. In the Uttar Kand both the princes mention the name of Valmiki. It also states that there are 24 thousand verses and one hundred anecdotes in this poetic composition. In the next verse, five hundred sections and six Kand and Uttar Kand are also described.

संनिबद्धं हि श्लोकानां चतुर्विंशत्सहस्रकम्।
उपाख्यानशतं चैव भार्गवेण तपस्विना।।
आदिप्रभृति वे राजन् पंचसर्गशतानि च।
काण्डानि षट्कृतानिह सोत्तराणि महात्मना।।

वही–7–94 / 26–27

The number of verses and sections are also mentioned in the fourth section of Bal Kand.

चतुर्विंशत्सहस्राणि श्लोकानामुक्तवानृषिः।
तथा सर्ग सर्गशतान् पंच षट्काण्डानि तथोत्तरम्।।

श्लोक संख्या–1–4–2

The use of 'Shat Kandani' in both places and the words 'Sottarani' and 'Tathaatram' for Uttar Kand itself is a matter of considerable content. When Uttar Kand is the seventh episode, then why did the poet not speak of the seven sentences? Second, the first six Kand are described in noun and the seventh Kand is mentioned by the name. Did the poet avoid the number seven? The number seven is considered auspicious compared to six.

While looking at the credibility of the facts mentioned in Uttar Kand and Bal Kand, it came to know that the described number does not match the reality. It is possible to have variations in different copies of Ramayana, but for the authenticity of religious texts, it is not unreasonable to consider copies of Gita Press Gorakhpur as the basis who prepared them. It is significant to note that this institution is based on religious faith. There are five hundred thirty-four sections in the first six Kand in the copy of Gita Press. If you add one hundred and eleven sections of the Uttar Kand then this number becomes six hundred and forty five. Now the truth of the five hundred sections mentioned in Uttar Kand can be estimated. Similarly, there is a big difference in the number of verses as well. The 'verse' number of the first six sections remain around twenty thousand two hundred and even if you add the number of the verses of Uttar Kand, even then it will be several hundred verses less than twenty four thousand. This is the case with the number of anecdotes. It is clear that the facts mentioned in the two verses of Uttar Kand which have been cited earlier, do not match the truth.

There is also doubt about the number of Kand at another place. In the section three of Bal Kand, while narrating briefly the topics involved in the story, Valmiki does not name any Kand. The stories of the first six cantos are mentioned in about twenty-nine verses, but there is neither their division according to Kand nor the name of those Kand. (See verses 10 to 38). But in the last verse of this section, by writing 'Tachchakartara', the character of Rama is indicated which does not seem to fit the style of the poet. The last one verse describes that Videha Nandini Sita was sent to the forest and also describes the future character of Shri Rama. The verse is like that:-

स्वराष्ट्ररंजनं चैव वैदेह्याश्च विसर्जनम्।।
अनागतं च यत् किंचिद् रामस्य वसुधातले।
तच्चाकारोत्तरे काव्य वाल्मीकि भगवानृषिः।।

श्लोक 38 का आधा व श्लोक 39

Here, this is notable that there are small or big incidents which are mentioned in other Kand but only one incident of Sita renunciation is mentioned in Uttar Kand. Thus, it may be concluded that those who wrote Uttar Kand have added these three lines at the very end of the section. It is also to be noted here that verse 38 has been changed to six steps instead of four, otherwise the end of the section was taking place at the thirty-seventh verse itself.

प्रेषणं वायुपुत्रस्य भरतेन समागमम्।
रामाभिषेकाभ्युदयं सर्व सैन्यविसर्जनम्।।

श्लोक संख्या–38

It is also notable that there are two styles of the aftermath and impact of listening or reading Ramayana. According to one of the styles the greatness is described in the last of each Kand or Chapter of epic literature as Goswami Tulsidas followed in his Ramcharitmanas. In this style, the comparatively more greatness of a Kand or Chapter may be established. For instance, while accepting the religious significance of Ramcharitmanas, some devotees give special importance to the text of his 'Sundar Kand'. According to the second style, Valmiki is used to describe the greatness of epic at the end of the Kand. In the last nineteen verses of the last section of the Yudh Kand, the poet described the great significance of the epic. (See verses 107 through 125 of section 128). This narration of impact of reading/listening the epic story tells that the composition has ended, but in the last section of Uttar Kand, the glory of Rama story has been recounted. (See verses 5 to 21 of section 111)

The last division of the epic in section of the Uttar Kand is titled, "the Epilogue of Ramayana and its glory". Similarly, the title of the last section of the Yudh Khand is 'the kingdom of Shri Rama is returned back to him by Bharata, the city journey of Shri Rama, coronation of Rama, farewell of *vanars* and the greatness of the composition'. The readers should consider why the greatness of this epic had to be expressed a second time. Yes, if Valmiki had described impacts of reading/listening of the epic at the end of each Khand and the such impact description of Uttar Khand would have been presented only for the Uttar Khand then it would have been acceptable, otherwise if it is said that the entire Khand is a narrative added to the original story seems to be reasonable.

The deliverable subject of the last section of the Yudh Khand mentioned earlier in which the farewell of monkeys' army is described. In this section, Rama sent off all his friends, offering them clothes/ornaments. Vibhishan, Sugriva, Hanuman, Jambwant, Dwivid, Maind, Nal, etc. are mentioned which were among them. 'Sugriva entered into Kishkindhapuri and Vibhishana went to Lankapuri with his fellow best friends' are described in separate verses. The offering and farewell story of the monkeys' army are described from verse seventy-five to verse ninety. On the one hand, in the Yudh Khand, the Sugriva and Vibhishan have entered into their respective palaces. (See - Yudh Khand section 128 verses 79 and 90) and on the other, the people of Uttar Khand through whom it has been extended or added again describes about offerings/farewell in the thirty-ninth and forty-ninth section of the Uttar Khand.

Rama has no connection with the story of first thirty-six sections before Uttar Khand. The story of thirty-seven to forty sections describes the offering of gifts and farewell, which has already taken place. Till the thirty-fourth section there is a story of Ravana and his descendants and in the thirty-fifth and thirty-sixth sections there is a narration about Hanuman. Is it called the post story of Rama's character? There is such a big part of this Khand, which has no relation with the story of Rama i.e. the story of King Nriga, the body sacrifice of King Nimi and Vashishta from each other's curse, and regaining the body, the story of Pururava or Yayati, the story of Ikshvaku's son Dand, the story of Ila and Wudh, like many references of enlightenment.

Uttar Khand is added afterwards. A strong evidence for this fact is found in the text of Gita Press Gorakhpur. It is said that first six Khand reading should be completed in nine days and second seven reading should be completed similarly in nine days. This leads to the conclusion that devotees are free to read six or seven Khand according to their faith, but this is not what we are calling concrete evidence, but it is found in the rishyadnyas of the reading with a desire of future reward. Thus, the faithful devotees recite scriptures with desired object. Many people follow the uninterrupted reading of Ramcharitmanas, new reading of epic, or reading of epic within one month. Valmiki Ramayana also has a great religious importance.

There is an established practice to read epic in religious perspective, or in other words, read as per Karamkand. In this way of reading, one does *namaskar* to Rishis, deity, verses, wish, power, inventory, script writer of each Khand, then follow the practices expected to be performed by hand and finally, remember the deity belongs to that Khand. It is significant to note that this practice is meant for the first six Khand. It is not established for Uttar Khand, for, there is no God or deity or Rishi of Uttar Khand. Those who are ambitious to read it with desire, the Uttar Khand is not placed under such category. Can it not be interpreted by this logic that Gita Press Gorakhpur is also desirous only for six Khand? The only reason for not removing the Uttar Khand seems to be that their religious belief compels them to deny the fact that narrative is added to the original story under Uttar Khand.

This fact is also worth considering that there is no such epic available between the period of Valmiki Ramayana and Mahabharata in which the story of Rama is described. From this point of view, only Vyas is identified after Valmiki. Vyas is a history writer, so it is natural that he is in favour of truth. In Mahabharata where Rama is described in great detail but there is no description of Sita-renunciation. Apart from Mahabharata, this event is also not mentioned in Harivansh Purana, Vayupurana, Vishnupurana, Narsingha Purana. There is no description of Sita-renunciation even in texts like Buddhist Anamakam Jatakam and Uttar Purana written by Gunabhadra.

It is also notable that when Rama was expressing his hesitation to accept Sita before the Agni Pariksha, he told Sita that if you wish, you can think of living happily under Bharata or Laxmana's protection also with Shatrughna, Sugriva or Vibhishana. Where you feel happy, put yourself there. (See Yudh Khand, Section 115, verses 22-23). Thus, on the one hand, the purity of Sita was doubtful and she was offered above options, and on the other hand, the Sita whose purity has been proved by Agni Dev himself, Shri Rama also accepted her recognising her extremely pious. She was taken to the forest when she was pregnant. Therefore, it is not inconsistent to conclude that the story of Sita-renunciation is fictional and later added.

After the Agni-Pariksha, the purity of Sita was also accepted by Shri Rama in front of Agni Dev. Rama had said to him that this purification test was necessary to make people believe in the sanctity of Sitaji. Rama had said "Sita is difficult to be caught like blazing fire and not obtainable for others. Janaki is the supreme pure among the three Worlds. Just as a wise man can not surrender his good fame similarly I can not leave her." How Rama can leave pregnant Sita only for avoiding public slander whose purity he himself recognised. It is impossible. (see -6 / 118 / verses 13 to 22) Rama cannot do such an inappropriate act. Sita showed the tenacity of her love for Rama during the period of her exile. Having relinquished the pleasures of the royalty of Ayodhya, she had earnestly accepted the sufferings of the forest. While staying here under rule of Ravana, she was able to survive due to the memory of Rama which was existed in her heart. She succeeded in the Agni Pariksha and Rama proved her purity.

There is no such example in the entire character of Rama that he changed his decision once taken. Even after the persuasion of Bharata and Vasistha, Rama did not return from forest. It pushes the fact that Rama may not withdraw from his statement regarding Sita. It is not possible. The King was used to take advises from the friendly Kings and the councillors. To recall, at the time of Rama's coronation, King Dasharatha invited various kings and people of cities and districts. He took decision only on the support of the councillors. Maharaja Dasaratha proposed in front of the councillors that if I have thought right, then you give me permission, otherwise tell me how I should work. (See 2/2 verses 1 to 16)

Rama has also consulted his immediate companions in all the tasks. Laxmana is appointed first to talk to Hanuman who has come as the messenger of Sugriva. It is only Laxmana who accepts the invitation of friendship with Sugriva. (See 4/3 / Verse 26-27 and 36 to 38) On the advice of Vibhishana, he prays to the sea for three days to get its permission so that a bridge can be built on it. Even during the war, he used to consult his councillors. Then why Rama took no advice from his councillors regarding Sita-renunciation. In fact, those who conceived Sita-renunciation did not pay attention to the character of Rama because their purpose was to violate the character of Rama.

At the time of Sita-renunciation, Rama summons his brothers and informs them of their decision, and urges them not to oppose his decision. (See Uttar Khand Section 45) But at this time there is no mention of Guru Vasistha and Rama Mothers. There is no description of where they are at this time. However, Sita tells Lakshmana to convey her regards to all the mothers-in-law without any discrimination. (See Cant. 47, Verse 10) Later this mistakes of Uttar Khand were corrected by adding narrative that at the time of Sita-renunciation, the mothers-in-law and sage Guru Vashistha had gone to the *yajna* of sage Shringa, which lasted for twelve years. (See Bhavabhuti's Uttar Ramcharit).

Even an ordinary person can not force to leave house to his pregnant & loyal wife. Such act to be committed by Rama who is accepted as our ideal person is beyond imagination. The story of Uttar Khand is a full of inconsistencies. Two examples here may be produced. There is a detailed description of Ram-Rajya in the Yudh Khand in which Rama along with his brothers ruled for eleven thousand years. (There may be differences of opinion on time duration). This description is covered from verse 94 to verse 106 of the one hundred and twenty-eight section, but the person through whom it has been extended or added describes the rule of Rama one month in Uttar Khand. (See section 41 verses 16 to 22). Once the entire reign of Rama has been described, then what is the meaning of the period of one month.

Another such discrepancy is noticeable. According to the story of Uttar Khand, the day when Sita gave birth to two sons, Shatrughana was present in the Valmiki Ashram on that day. After listening to this news, Shatrughana went to Sita ji's cottage and spent rest of night in conversation due to happiness. (See Section 66, Verse 12-13). After twelve years, Shatrughana again spends one night in Valmiki Ashram. Here, he also listens to the story of the Ramayana, but the surprise is that he neither meets Sita nor asks the well-being of Sita and her sons. The next day he leaves for Ayodhya. Shatrughana stays at Ayodhya for seven days but it is not fair to tell Rama that you have become the father of two sons of twelve years of age. It seems that there are few people through whom such episodes were added or extended.

It is also necessary to pay attention to another fact that society has not recognised Uttar Khand even after its inclusion. The most effective form of story of Rama is manifested through Ramlilas. There, the end of story of Rama is happened to be end with Rama's coronation and his emotional meeting with Bharata. Thus, the millions of people of Bharata do not believe that an ideal king like Rama can decide to give up Sita. It is also a matter of considerable fact that the Indian text's end part is happened to be pleasant. The Rama coronation in the presence of Sita and the reunion of them with Ayodhya and family members, such status seems to be more appropriate with Indian tradition of happy ending. On the basis of these evidences, it would be appropriate to say that the story of Uttar Khand is added or extended later. Such attempt must be aimed to damage our basic tenants of Dharma.

Purpose of Uttar Kand:

It is worth considering why this Kand was added and when. The intent to add own narrative with the existing famous epic is called 'Chepak'. In today's environment, the matter may seem a bit odd because at present, there is a tendency to print or read the works of others by their names. This plagiarism has started since the last three-four hundred years. No such example is found till the Bhakti Kaal(Devotion Period) of Hindi literature, i.e. 1000 Vikram Samvat. In fact, the Indian poets were far from aspiring for self-praise or fame. Therefore, they were not used to write about themselves and can not be predicted to be involved in such copy works. This plagiarism started when famous poets became dependent on system. There was a tradition among earlier poets to add their work to the texts of another famous poet. For this reason, the writers of Uttar Kand did not mention own names and added it to the poetry of Adikavi(First Poet). In

Raso literary works in Hindi Literature during Adi Kaal, there are many literary works of many poets who were added in it on the name one poet. One such wicked attempt was committed also with Ramacharitmanas of Goswami Tulsidas. Some persons added the eighth Kand with the name of 'Luv Kush Kand'. Based on the inner evidence of the psyche, it was proved that the eighth Kand is either added or extended.

The purpose of those who added stories to the original one was spreading religious enmity. There are two main events related to Rama in the Uttar Kand, first, Sita renunciation and second Shambuka killing. Nobody has any objection to the entire character of Rama. In fact, both these incidents have been added as a result of the conspiracy. The composition of Ramayana dates back many years before the days of origin of Buddhism. For individuals with a religious outlook, this is the event of Treta Yug, but the historians influenced by Western education also consider that this story belongs to thousand years old from Jainism-Buddhism.

The western historians believe that Mahabharata could date back 2000BC. Pargiter is of the opinion that war of Mahabharta could date back 1950 B.C. (See History of Ancient India - BD Mahajan) Till this period, the Uttar Kand was not included in the Ramayana, because this story is not found in the Ramopakhyana of Mahabharata. Buddhist and Jainism writers and poets created many stories by manipulating the character of Rama, the ideal man of Vedic religion, to prove his religion superior to Vedic religion. In this context, the first attempt was made in the great story of Gunadhay in the second century before Christ. Its effect can be seen on Somdev's Katha Sarit Sagar.

After this, many different kinds of stories were created. Dasaratha-Jataka made Rama and Sita as siblings. In this work, Rama marries his sister Sita after spending twelve years in the forest. According to Jain texts 'Paumcharit', Rama, Lakshmana and Ravana accepted Jaininsm. It described that Rama had eight thousand wives and Lakshmana had sixteen thousand wives. Thus different poets visualised fantasies in their own ways. Somewhere, they justified on the basis of social criticism, some told this was the conspiracy to Kaikeyi and some put allegations to his daughter. Someone called Sita a result of conspiracies of mother-in-laws. Somewhere Sita makes a picture of Ravana's feet and somewhere a toe. Somewhere, a picture of Sita is pictured as sleeping with Ravana portrait on her chest. These fantasies show their status far from the truth.

The result of this kind of propaganda was that even those poets who got influenced and who accept Rama as deity or a human being with ideal personality. Poets like Kalidasa and Bhavabhuti also accepted some part of such story. Goswami Tulsidasa is a famous Rambhakt. His Ramcharitmanas is a world famous book. However, in his epic, he did not take the incident of Sita-renunciation but after imagining a novel, gave it place in Gitavali and sent Janaki to Valmiki ashram. Tulsidasa resumption is:

संकट–सुकृत को सोचत जानि जिय रघुराउ।
सहस द्वादस पंच सत में कछुक है अब आउ।।
भोग पुनि पितु–आयु को, सोउ किए बनै बनाउ।
परिहरे बिनु जानकी नहिं और अनघ उपाउ।।

Rama is completing his twelve thousand and five years of age. King Dasaratha expired premature. Therefore, Rama will have to pay rest of his father's age then at that time it will be a sin if Rama follows the duty of husband by living with Sita. For this reason, Rama, who was very content with the character of Sita, similarly thinking of Sita-renunciation, tried to obtain feedback about public opinion regarding it and from the spies, he also asks Sita for his intended interest in his regard. Sita herself is ready to go to the forest. Then Rama asked Lakshmana:-

तात तुरतहि साजि स्यंदन सीय लेहु चढ़ाइ।
वाल्मीकि मुनीस आश्रम आइयसु पहुँचाइ।।

Thus, various such imaginations of this kind prove the fact that if Sita-renunciation had really happened, many imaginations of its cause would not have been done. All poets cite one reason for Sita-renunciation if it actually had happened.

The change in the character of Rama due to religious enmity can also be seen elsewhere. For example, the word Asura has sometimes been a signifying deity. The deity of the Iranians is named Ahuramzada. Ours 's' becomes 'ah'. When relations with the Iranians were not cordial with us, we identified the Asura with the demon. Similarly, the meaning of the word 'Devanampriya' changed the related meaning. When Ashoka, the nurturer of Buddhism, took 'Devnopriya' against him, then the followers of Vedic religion gave the meaning of this word as 'fool'.

There can also be doubt as to how a fiction can be so reliable. One or two examples will eliminate this doubt. The vicious Dushyant of the Mahabharata's Shakuntalopakhyan becomes the hero in Kalidasa's 'Abhigyanasakuntalam'. A fictional incident of Durvasa curse changed the whole history. Similarly, the historical truth is that Mohammad Gauri was defeated once by Prithviraj Chauhan and Prithviraj was defeated and died in the second battle, but due to the imaginative description, most of the people of India today describe the defeat of Gauri seventeen times. It is also described that Gauri was killed by Prithviraj by an arrow based on sound. The verse is as follows:-

चार बाँस चालीस गज, अँगुल अष्ट प्रमान्।
ता ऊपर सुलतान है, मत चूकै चौहान।।

Whereas the reality is that Prithviraj died in the Battle of Tarain in 1192 AD and Muhammad Gauri attacked Kannauj in 1194 AD and defeated king Jaichandra. Gauri himself was killed in 1206 AD by Sultan's Khaukhars.

The incident of Prithviraj is only eight hundred years old and imagination is considered to be true. In the modern era, which happened in 1857, great scholars have accepted the imagination as true. Mangal Pandey's connection with Meerut Revolution is a mistake; Mangal Pandey has no connection with Meerut. It is related to the Barrackpore Cantonment of Bengal and the incident which happened when he refused to offer water, belong to that place. The incident dates back to March 1857, while the revolt in Meerut took place on 10th May 1857. Not only ordinary people, sometimes educated gentlemen are heard saying that the revolution was started by Mangal Pandey from Meerut. The reality is that Mangal Pandey is the first martyr of the freedom struggle of 1857, but he was hanged in Barrackpore Cantonment in April 1857 itself.

When the fictional stories of medieval and modern times were accepted as true, then the fictional story of thousands of years before Christ also became true. There are many incidents related to the story of Rama, which are not mentioned in Valmiki Ramayana, but the people of India believe in their authencity like historical events. The base of reality of story of Rama is Valmiki Ramayana. Today, Ahalya's existence as stone, Lakshmana Parshuram communication, Shabri's used plum and its social identity is Bhilani, and Lakshman-Rekha etc. are parts of the story of Rama while these narratives are based on the imagination of later poets. Today, the general public is not ready to accept these stories as fictional, these episodes are accepted as important and effective part of the story of Rama. Tulsi's imagination established relation of Lakshmana to Parashuram, then Keshav did this work in 'Ramachandrika' by Bharata.

The authors who imagined Sita-renunciation was not aware of Indian Vedic beliefs, otherwise they would not have added to such narratives. If a woman is kidnapped then woman can not be blamed. Tara, the wife of Devguru Brihaspati, was kidnapped by the Moon and gave birth to a son named Buddha, but Brahma ji's intervened and Brahaspati got wife Tara. Indra had a physical relation with Gautama's wife Ahalya and got curse but after the duration of curse became over, he was respectfully accepted by Gautam. Satyavati and Kunti became mother of Vyas and Karna before marriage by having a relationship with Parashar and Surya respectively. Vyasa gave birth to Dhritarashtra and Pandu by Satyavati's widowed daughters-in-law. Urvashi and Maneka regained place in the assembly of Indra by physical relation with Pururava and Vishwamitra respectively.

Pandu ordered his wife Kunti and Madri to have physical relations with the deity to get sons. Draupadi accepted five husbands. Tara, Ahalya, Kunti, Mandodari and Draupadi are considered as Panch Kanya whose daily remembrance is said to be virtuous, the tradition is established so that nobody could put stigma on these women. A society which recognised sex with others on the demise of husband or with the permission of her masters called 'Niyog', in such a society when woman is kidnapped then she can not be blamed. In fact, when the 'Niyog" system ended, the fictional narrative of Sita's expulsion by Rama was added to emphasise the virtue of womanhood and to demonstrate the importance of patriotism.

Shambuka's slaughter is another important event in Uttar Kand. The purpose of linking this event was to attract the backward sections of the society or Shudras towards Buddhism. Those who created the story of Shambuka did not pay attention to the predecessor character of Rama. Rama is the elder son of Dasharatha, the King of Ayodhya and son-in-law of Janaka (The

King of Videha Kingdom which was located in Mithila Region), yet there is no Rishi, Muni, Brahmin, Kshatriya or Naresh are found in his friend congregation. He did not enter any city except Ayodhya and Mithila. Nishad, Bhil, monkeys, demons are his only friends in the congregation. Giddharaj Jatayu is father-like to him. Rama asks well-being of Nishad King Guh by filling him in the arms. Lakshmana said to Hanuman that 'I along with Rama both have come under the shelter of Sugriva.' Rama embraces Sugriva, accepts Vibhishan as a friend. Rama welcomes all these friends with clothes/ornaments while returning to his places from Ayodhya after the coronation. It means that Shambuka belongs to the same community which Rama's friends congregation belong.

Rama struggled through his life for the establishment of ideal society. The goal of Rama's life was to help the victims of injustice or to fight against the injustice. Rama is a symbol of the faith of the underprivileged and the exploited, the oppressed. Ahalya, despised and neglected by her husband; Sugriva horrified by Bali; Vibhishan, expelled and humiliated by his elder brother; Shabari, neglected by society; Nishad, who is on the lowest rung of the society, all belong to Rama. The killing of Shambuka at the hands of such a Rama is as following opposite directions of Rama ideals. Hence, it is a poet fantasy or gossip.

If Shambuka's slaughter is noticed, its futility will become self-evident. Rama went to Shambuka and sought to know his introduction, considering Shudra's penance as the reason for the untimely death of a Brahmin-son. Shambuka respectfully told that Rama who is Glorious, 'I was born in Shudra community, I do not lie. I am aspiring to attain divinity of heaven.' Rama beheaded him with a sword while he was explaining to him.(See Uttar Kand, Section 76, Verse 2 and 3). Rama neither persuaded him nor talked to him. No person of common sense can commit such act. It may be considered that Rama, a person of ideals, wise King, expert policy acquainted can take such unreasonable step. It is a poet's imagination to defame Vedic religion or to a person established high in the status among them.

In conclusion, we understand that the Uttar Kand of Valmiki Ramayana is an interlude added by the vested selfish poets, and stories like Sita-renunciation and Shambuka killing are nothing more than poetic imagination or gossip.

(This article has been published in about a dozen newspapers and magazines.)

❑❑❑